――秘法・秘伝を明かす――

まじないの極意

金森了脩 著

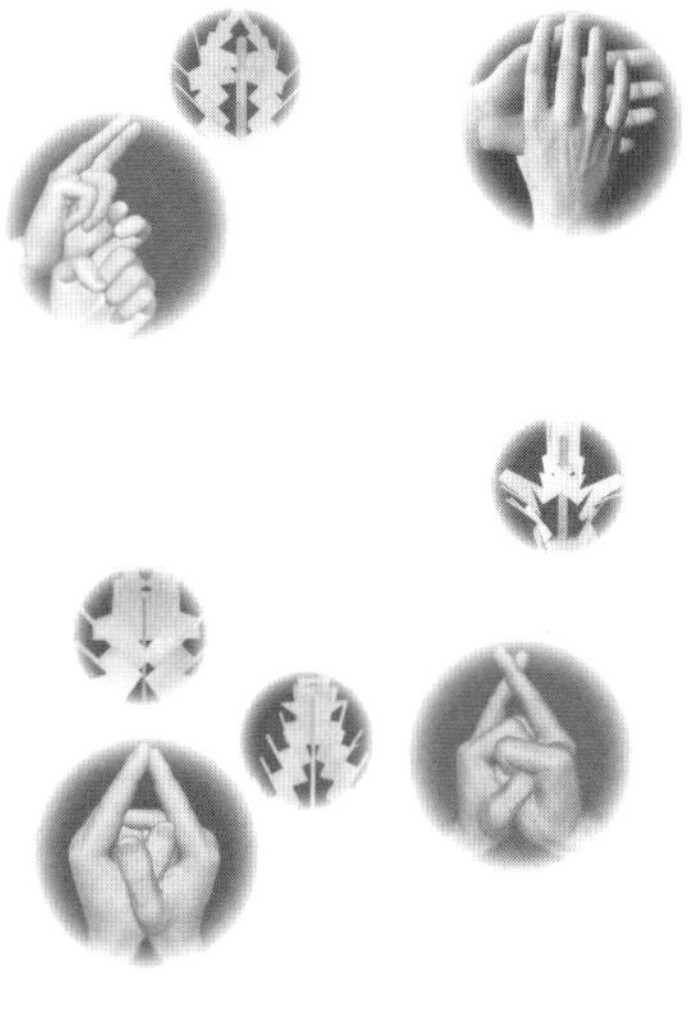

東洋書院

はじめに

まじないとは、漢字で書くと「呪い」。これは「のろい」とも読めます。また呪の字は「咒」とも書きますが、現在は「呪」と書かれ、「咒」は「呪」の旧字のように思われています。この「呪」「咒」は別字とする意見もあり、密教では「呪」は呪文、「咒」は陀羅尼《だらに》を意味するとしています。けれども漢字の成り立ちからすれば、「呪」「咒」も同じだといいます。これは、「呪」の元字は「祝《しゅく》」で、「祝」は「示」と「兄」に分かれます。それを祭壇と、祭文を入れる器を捧げ持つ姿を象徴していて、それを「呪」とも「咒」とも書いたのです。「呪」は神への祈りといえます。

この神への祈りというのは、どの宗教にもあるものです。フランスの民俗学者マルセル・モースは「人類が呪術について作り上げたイメージの第一のものは、常に呪《のろ》いであった」と述べています。

日本でも古くから同じだったのでしょう。「のろい」は「宣《の》る」に由来する言葉です。奈良時代には盛んに呪詛が行われていたようで、そのため、たびたび呪詛禁止の令が出されていました。また『日本書紀』にも随所に呪詛を行ったことが記されています。

平安時代には密教の影響もあり、御霊信仰とも相まって調伏法・護摩法などますます盛んになり、いっぽうで、祟りを祓い呪力を封じる法も重視され、それがまじないといえます。

まじないは、「蠱物《まじもの》」に由来し、所作や道具を用いて行うもので、もともとは「呪い」「呪詛」と同義でしたが、凶を吉へと向かわせ「福」をもたらす法を意味するようになりました。

先師は苦修練行の末に、さまざまな呪法を会得してきました。それらは秘伝秘法とされてきました。しかし秘法・秘伝というのは専門家の地位を保持するため以外の意味はありません。呪法は専門家のためにあるのではなく、苦しみ悩む私たちのための法といえます。確かに験者は厳しい修行によって能力を高めてきました。呪法の成就には厳しい修行によって高めてきた能力ということもあるでしょう。深刻な事態にあれば修法師に依頼すべきでしょうが、私たちでできるものも多々あるのです。

幸い、かつて秘法とされていた呪法のいくつかを、現在の私たちは知ることができ、それを行うこともできます。その所作・作法にのっとって行えば成就することでしょう。

本書は、日常生活の中で、誰にでもできる呪《まじな》い法を示さんとするもので、凶へ向かおうとする方向を修正し吉へと向かわしめ、福を得んとするものです。ですから「おやっ」と思えば、先ずまじなってみましょう。

でも深刻な事態は、修法師、専門家にまかせるべきです。

目次

●増益

基礎編

魔を破す

まじない

まじない法はすべての宗教が持っているといっても良いでしょう。
本書では、特に密教、修験道、陰陽道、神道、法華仏教を中心に
そのまじない法を取り上げています。

【密教のまじない】

呪《まじな》いの代表といえばやはり密教といえるでしょう。密教を最初に日本へ伝えたのは伝教大師最澄ですが、密教経典はそれ以前から伝わってはいました。体系だった純粋密教（純密）を伝えたのは弘法大師空海です。最澄や空海以前の密教は雑密といわれ、経典に基づいて山岳宗教などで行じられていました。純密が伝わるとまたたく間に広まり、山岳宗教にも積極的に進出し、修験道に大きく影響を与えました。

密教でのまじないは身口意の三業（三密）、つまり、手に印を結び、口に真言を唱え、意（心）に加護を願うという方法です。弘法大師空海は「三密加持すれば速疾に顕わる」と述べています。本書では、唱える真言の呪文として真言を用い、印を用いる方法を示しています。唱える真言の

回数は、七回、二十一回、百回などで、時に応じて至心に唱えれば良いでしょう。

　密教の特色の一つに梵字があります。梵字は種字といい、諸仏諸尊を表す記号ともいえます。お守りには護符を用いることがありますが、本書はより簡単な方法としてこの梵字を用いました。祈願に応じて、そのご利益を持つ諸尊の梵字を紙に書いて身に付けておきます。また後述する祈願幣に書いて机上等に置いておくなどの方法があります。

　また十二支の干支にはそれぞれ諸仏諸尊が配されており、自分の干支の守り本尊の梵字を紙に書いて身に付けておく方法もあります。

不動明王	愛染明王

ノウマク　サンマンダ　バサラダン　センダ　マカロシャダソワタヤ　ウンタラタ　カンマン	オン　マカラギャ　バゾロシュニシャ　バザラ　サトバジャク　ウン　バンコク

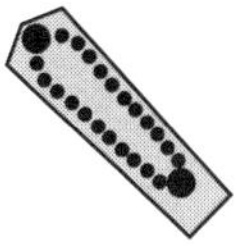

【法華仏教のまじない】

法華経を所依の経典とする日蓮宗などでは、まじないでも法華経文が多く用いられ、唱えたり書いたりします。古来より法華経は最も多く信仰を集め読誦されてきた経典といえます。法華経は「仏所護念《ぶっしょごねん》（仏に守られる）」の法で密教的要素も持ち、祈祷修法、まじないには密教や修験道などの影響も見られますが、その読誦が中心です。さらに日蓮聖人によって唱題（題目を唱えること）が説かれたことで、行やまじないでも読誦とともに題目も盛んに唱えられます。

日蓮宗でのまじないは、現在でも毎年十一月から翌二月上旬までの百日間大荒行が行われていて、まじない法などは口伝、秘伝でもあり、本書で公表できない部分も多くありますが、すでに公開されているものもあり可能な限り紹介しています。

まじないには手に鬼字や四縦五横を書き、九字を打って法華誦文や陀羅尼呪を唱え、唱題します。

お守りには数々の守り札がありますが、かんたんな方法としては四縦五横に鬼字を書いて身に付けておくことでも十分です。

日蓮宗では守護の善神・鬼子母神に倣って「鬼字」という独特の文字を使います。

祈祷を行う修法師の方は古くは剣が使われることもありましたが、現在では、剣形の小板と数珠を組み合わせた木剣と呼ばれる独特の修法具を用いて九字を切ります。しかし、手刀でも十分ですので、本書ではその法で紹介しています。

まじないの作法としては、「妙一」と手刀で書き、読経（自我偈、観音偈など）、呪陀羅尼して誦文を唱え鬼字を書きます。

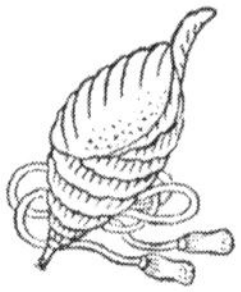

【修験道のまじない】

修験道は仏教と神道が習合した宗教といえますが、そもそも山岳宗教では神を祀り祈るというもので、道教の入山思想などがまじり、やがて陰陽道、密教も加わった複合宗教といえます。

そのため、まじないには経文や真言、祝詞、神文などが唱えられ、まじないも多岐にわたっています。

密教的な印の方法に加え、修験道独特の印もあります。九字法や、九字を切ってから十文字目に目的に応じた一文字を唱える十字法があります。

また道教の尊格も見られ、護符とともに、鎮宅、延年厄除け、福徳円満の利益をもたらす尊もあります。まじないの作法としては、九字を切り呪文を唱え、最後に「オン　バザラ　トシコク」と唱えます。

【陰陽道のまじない】

陰陽道では、星型のセーマン（五芒星）「☆」や四縦五横のドーマン「▦」を用い、要文を唱えます。セーマンは安倍晴明《あべのせいめい》によるものといわれてこの名があり、ドーマンは蘆屋道満《あしやどうまん》によるとされています。このドーマン、セーマンは、簡単にいえば、ドーマンは攻め、セーマンは守り・結界といえます。幕末の函館五稜郭はセーマンによったといわれ、究極の形とされています。

お守りにはさまざまな霊符を用います。唱える呪文はなくても、霊符を紙に書いて身に付けておくだけで十分効力を発揮します。ただの紙を霊符として発揮させるのに、開眼という方法を用いますが、正式には難しい作法がいろいろとあります。簡単な方法として、セーマンまたドーマンを書いて、真ん中に点を打つ方法が良いでしょう。

陰陽道でも九字が用いられ、唱える文にはいくつかあり、切り方にもいくつかの方法があります。この九字は古神道でも用いられています。

【神道系のまじない】

神道系での基本は「祓い給え、清め給え」で知られるように「清め」と「祓い」といえます。「崇め」「慎み」「鎮め」、祓い清めることで魔を祓い安全を得ます。唱える呪文は神文や祝詞・神歌などです。祓えの祝詞に「祓詞」「大祓詞」「禊祓」「一切成就祓」「三種大祓」「六根清浄大祓」などがあります。祓いの具として祓い幣があります。左右左と振って、場を、事物を、そして自らの心身を祓います。

また「清め」では、禊《みそぎ》があります。「みそぎ」とは、身を削ぐというのではなく、「水を注ぐ」ということで、海辺、川辺、湖畔などの水辺で水で清める、いわば水行です。

まじないには九字法が伝わっており、神道独特の九字文を唱えます。神道独特の印を結ぶこともあります。

神前の作法は別にして、神文を唱えるにあたって、まじないとしての特に定まった作法というのはないようで、至心に念じ唱えることが肝要です。

多くの神社では拝礼の作法として「二礼二拍手一礼」を教えています。これは一連の作法ですから途中で区切ることはありません。いつ願い事、祝詞を上げるのか、それについては示していません。

ですから、だいたい、①一揖（会釈）、二礼、②祝詞・祈願、③二礼二拍手一礼、とすれば良いでしょう。

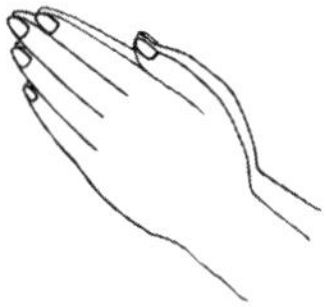

※まじないということでは、宗教教団だけではなく民間伝承もあります。さらに道教があります。道教は宗教としては、日本に導入されることはありませんでしたが、思想やまじない法としては陰陽師などを通じて入って来て、密教や修験道、古神道、陰陽道などにはその影響が見られます。道教にも印や呪文があり、とくに知られているのが、霊符といわれる護符です。

魔を破すまじない

祀る

祈りの成就のための神仏をお祀りする場。
祭壇を設け、いつも清浄にしておきましょう。

本書で紹介するまじない法は呪文を中心に所作を伴うものですが、呪文はどこでも、街を歩いていても、電車に乗っていても、ことごとに唱えていれば良いものです。しかし、やはりあらためてしっかり祈願したいという時は、自宅自室に場所を設けるのも良いでしょう。

祭壇

まず、場所を設ける部屋はいつも掃除をしてきれいにしておきましょう。

祭壇とはいっても、以下に述べる祈りのためのご本尊や幣束、折符、護符、祈願幣などを祀るための台です。自宅に神棚や仏壇があればそれで良いですが、なければできるだけ高いところに台や棚を設けましょう。台を作るといっても簡単です。自分で簡単に持ち運びできる程度の大きさ、重さが良いでしょう。小さなテーブルでもダンボール箱でも結構です。ダンボールは汚れを払ってキレイにしておきます。近年はＤＩＹが流行りで自作も良いですが、ホームセンターや百均などで、適当な大きさのダンボールや小箱などが手に入るかと思います。

その台を部屋の北か東、また西に置きます。古くから南北には上位・下位観念があるため、南側に置くことだけは避けてきました。そして台を覆うくらいの大きさの白い布をかぶせます。または白い紙を台の上に敷きます。

どうしても台となるものが用意できなければ、自分が普段使っている机でも大丈夫です。

台の奥まったところにご本尊やご神号札を置き、さらに幣束、折符、祈願幣などを置きます。ご本尊は、木彫でも画像でも良く、また幣束という御幣もあります。

供物

神仏にお願いするときにはお供物を用意します。

仏式

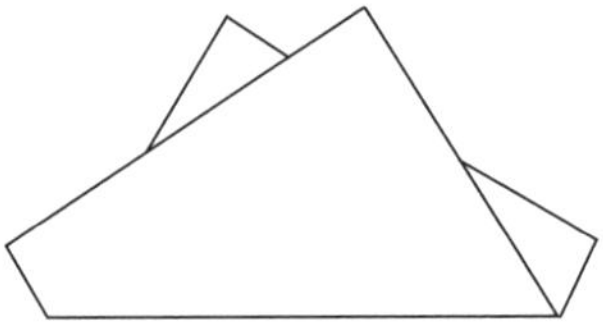

仏前方向

神式

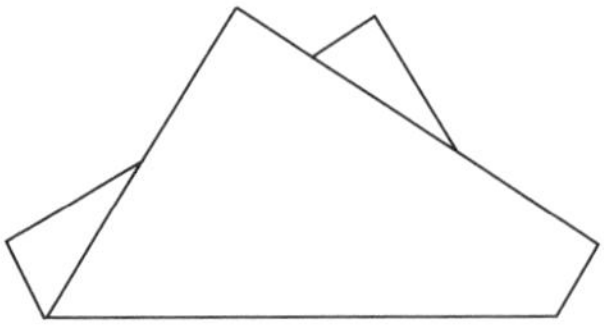

神前方向

　密教にしろ修験道、古神道、日蓮宗にしろ、共通するお供え物の代表は塩、米、酒（水）です。お皿やコップに塩、米、酒を適量用意します。

　さらには菓子などの乾物、果物や野菜など季節の生ものなども供えますが、必須というわけではありません。高価でなくともコンビニなどで自分の小遣いで買える程度のもので十分です。

　ただ、新鮮なものを供えるようにし、古くなったものやすでに手を付けたもの、残り物などは厳禁です。また匂いの強いものは避けてください。お供え物の余りを自分で口にするのは構いません。

　供物を供えるにあたって、お寺や神社では高杯《たかつき》、三方（三宝）、折敷などを用いますが、ここでは供物の下に敷く敷紙を使えばよいでしょう。紙を縦に置き、上図のように　右か左に向けて斜めに折り上げて二つ折りにします。神式では左に、仏式では右側に折り上げます。仏前、神前では長辺を神仏に向け、尖った方を手前にします。この敷紙はまじないだけでなく、仏壇や神棚で供物を供える時にも用いられています。また供物だけではなく、折符を置く際にも用いると良いでしょう。

　しかし、必ずしも常に供物が用意できるとは限りません。そこで現実に供物が用意できなくとも、密教にしろ修験道、古神道にしろ、そこに

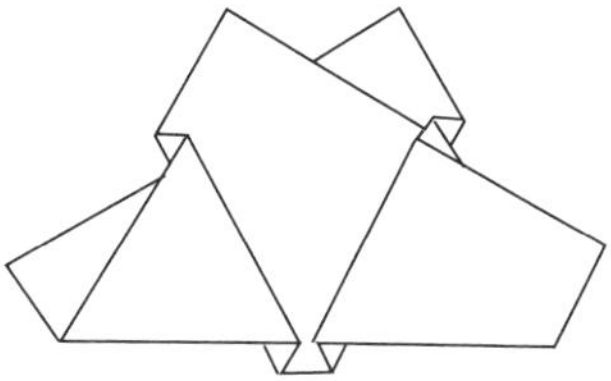

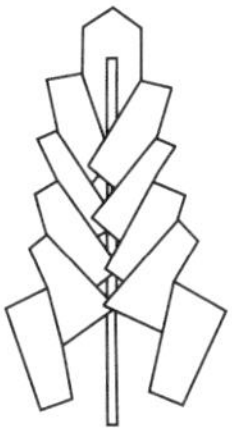

牛頭天王

供物があると念じるだけでも良いとしています。古神道には、奉餅印や奉榊印、奉酒印などの印があり、それらの印を結ぶことで、現実の供物がなくともその供養をなすとする方法があります。

幣《へい》束《そく》

神道や修験道、日蓮宗などには、和紙を用いた幣束《へいそく》というものがあります。いわゆる御幣で、そもそもは神への捧げ物であり、古くは布が用いられていましたが、のち和紙が使われるようになりました。そもそも、「幣《ぬさ》」と言われる和紙（奉書）を畳んだものを台に乗せて奉納されていました。やがて幣に「しで」とよばれる飾りがつけられるようになり、さらに竹串に挟んで奉納されるようになりました。

さらに神仏習合した修験道が盛んになると、四つ折りにした和紙に切り目を入れて折り、神仏の乗り物や依代、また祈願、飾りとしたものが作られ、その姿が、幣が装束をつけた形に似ているところから「幣束《へいそく》」と言われるようになりました。

現在、幣束には道場や本尊の荘厳の幣、祈祷修法の用具、神仏の乗り

愛染明王

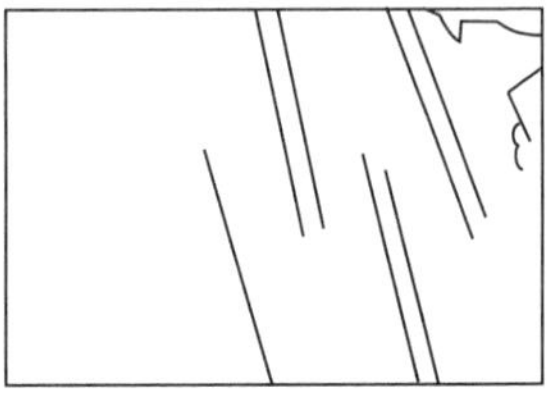

夫婦和合幣

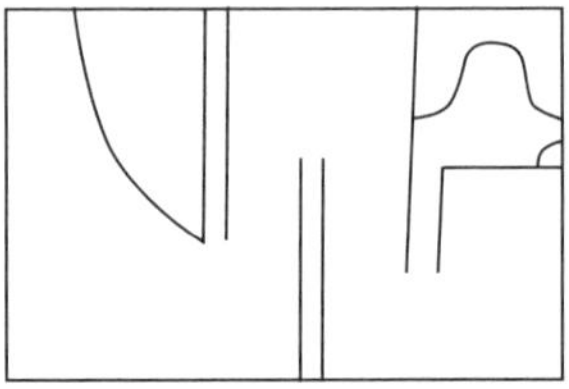

物、神仏そのものなどと、目的に応じていろいろな種類があります。

①神仏の乗り物としての幣
②加持祈祷修法のための幣
③様々な邪気を乗せる幣
④様々な邪気を払うための幣
⑤本尊や道場荘厳のための幣

などに分けることができます。

本書では祈りのための本尊、つまり神仏の御魂を招き入れるご神体としての神仏・菩薩・天等の幣束、祈願を表す幣束としていくつか掲げています。

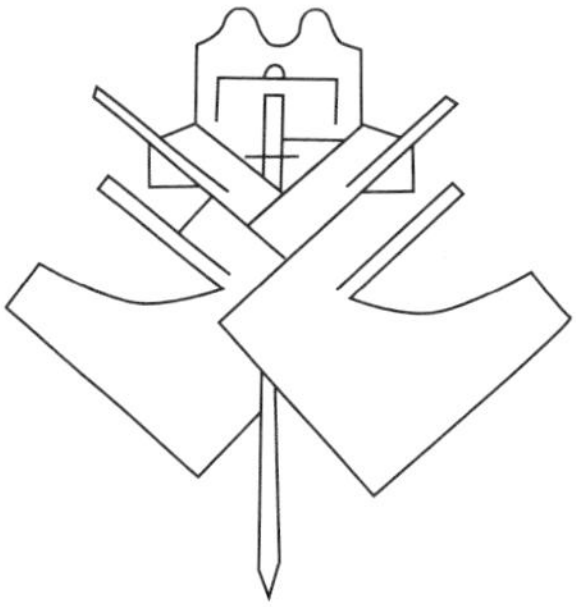

幣束の作成にあたっては、切り図というものがあり、和紙を四つ折りにして、切り図にそって小刀で切っていきます。切り終えたら作法手順にそって折っていくのです。切り図は諸尊によって様々な形がありますが、折り方は基本的に同じといえます。

用紙は奉書が使われます。種類としては大奉

生霊祓い幣ー女

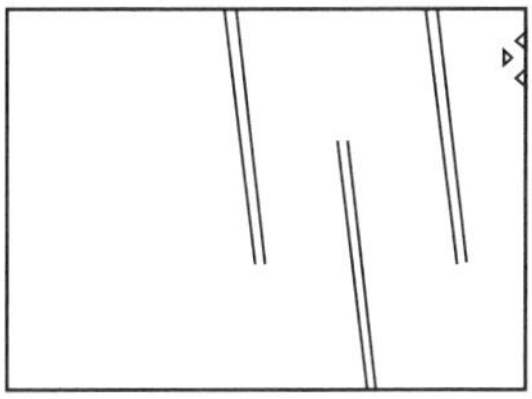

願望成就符

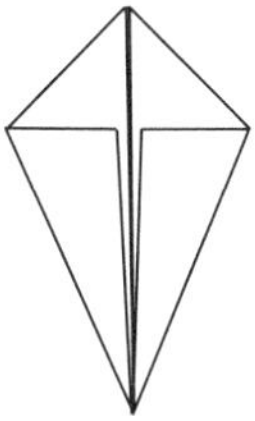

除障碍符

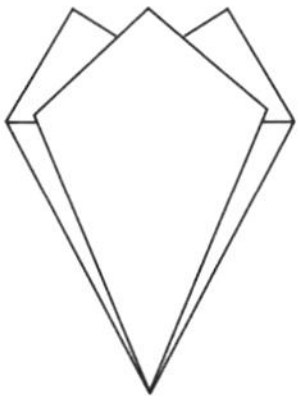

書、糊入れ奉書、半紙奉書がありますが、一般には入手しにくいかもしれません。比較的入手しやすいのはA４版和紙です。

　色については基本的には白紙ですが、赤・青・黒（紺・紫）・金・銀紙などを使うこともあります。それぞれ一色、あるいは複数色を重ねて使う弊もあります。

折《おり》符《ふ》

　幣束ではありませんが、和紙を用いて折るという意味では、神道に神折符というものがあります。これは、折り紙のように和紙を折って作るもので、大宮司朗編『太古真法玄義』（八幡書店刊）によれば、魔除符、恋愛成就符、厄除符、家内安全符、除災招福符、願望成就符などがあります。

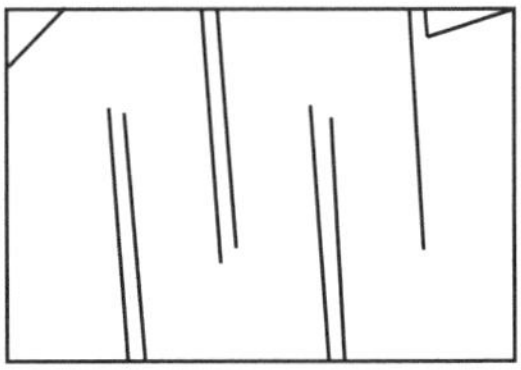

屋敷神

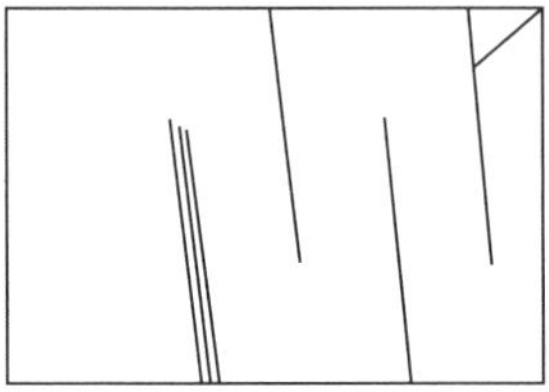

稲荷明神

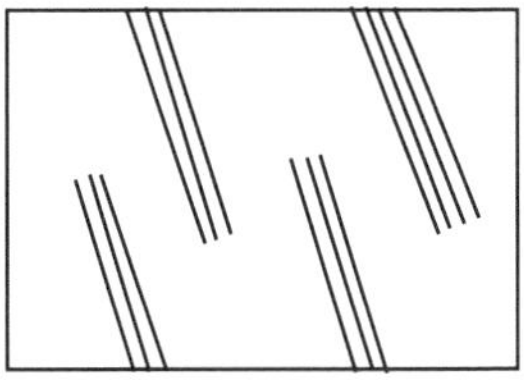

大日如来

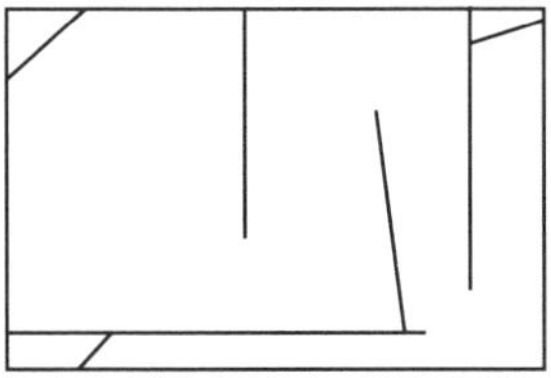

弁才天

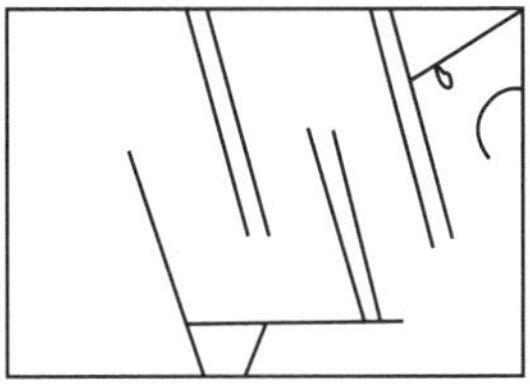

十二神

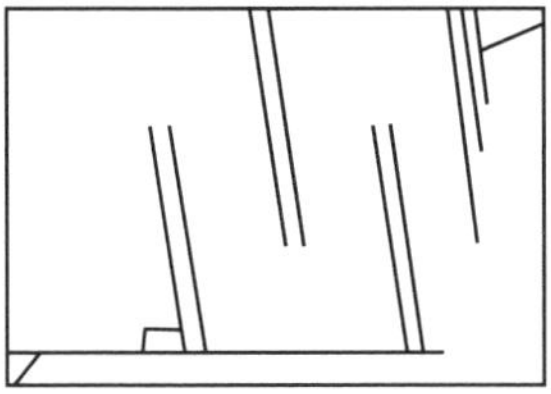

守護神

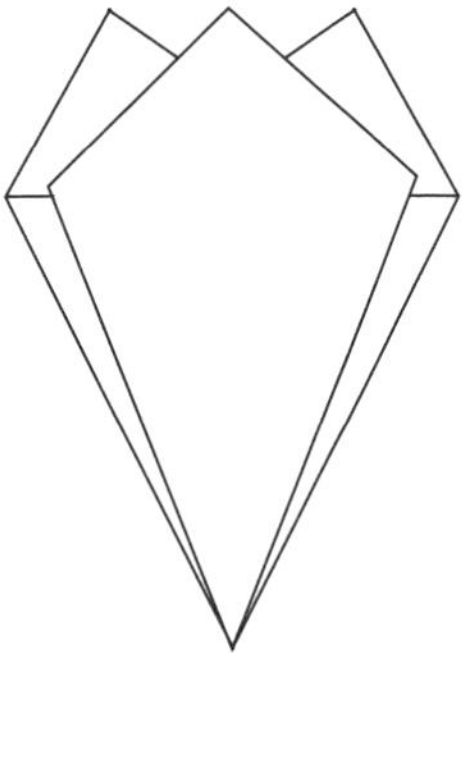

除障碍符

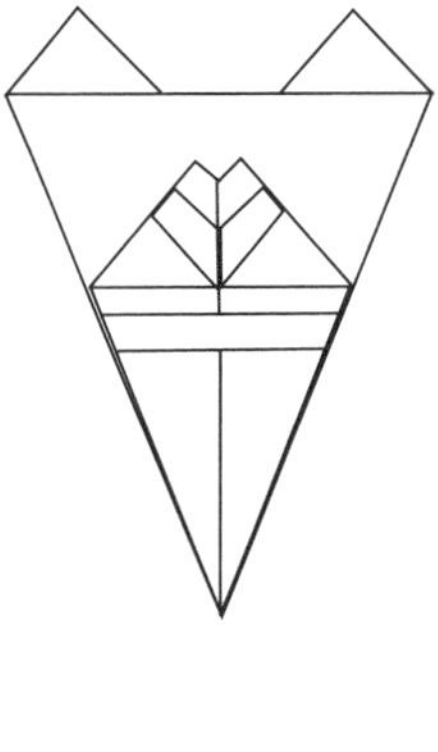

厄除符

魔を破すまじないを結ぶ

神仏になりきるために、
供物のために、祈りを形に表すために、
神仏と自分を結ぶ…印。

印契

魔を破すまじないには、口にし呪文を唱えるだけなく、所作（動作・行為）もあります。その代表に「印を結ぶ」があります。

印は神仏を表す場合と、願いに応じて結ぶ印とがあります。前者は密教や修験道に、後者は神道や道教などで使われます。

代表的な印は合掌印、つまり合掌のことで、仏教諸宗派はすべて用いる印です。ここでいう印は諸仏諸尊を表す印で、おもに密教や修験道などで使われます。これらの作法は、手に印を結んで口に真言を唱え、意識を集中させながら諸仏諸尊を思い浮かべ、祈るというものです。印は諸仏諸尊を表し印を結ぶことでその力を得、真言は真理を表す言葉でそれを唱えることでその功徳を得るわけです。

古神道－富貴印

古神道ー陽気招来印

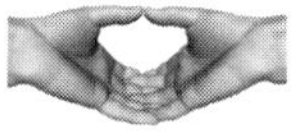

金剛合掌印

地蔵菩薩印

古神道－伏敵印

不空羂索観音菩薩印

降三世明王印

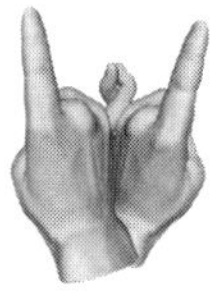

迦楼羅印

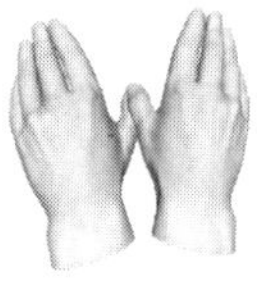

鬼子母神愛子印

烏枢沙摩明王印

不動隠形印

摩利支天印

智拳印

弁才天印

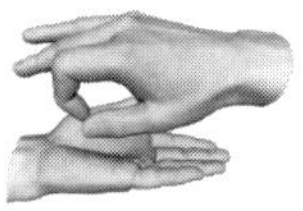

荼枳尼天印

愛染明王印

経典には「印をもって加持するがゆえに、また如来の身に同じ」とあり、真理そのものとされています。

ですから本書でも印を結ぶことは「まじない」の重要な作法として示しています。

印は諸仏諸尊を表すわけですから、その諸仏諸尊の数だけ印もあるといえますが、多くは同じ印を使うこともあります。仏像や仏画をご覧になるとき、手に注目してみると、指を組みあわせているのがお分かりになると思います。仏様によって皆形が違います。その組んだ指の形がその仏様の印です。この印を結ぶことでその仏になりきり、その力を得るわけです。ただ諸仏諸尊が結ぶ印と行者が結ぶ印とは必ずしも同じではありません。

印を結ぶにあたって、形が出来ていれば良いというわけではなく、やはり手順があります。基本として指を握った形の六種の拳と、指を伸ばした形の十二種の合掌があります。それらのどれかを結んで次の動作に入って印を結ぶと考えると良いでしょう。

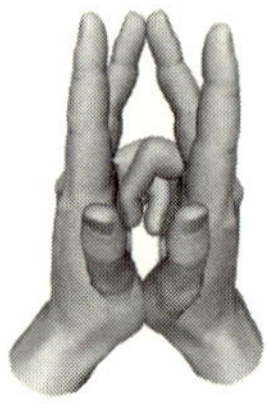
神道―奉榊印

神道―富貴印

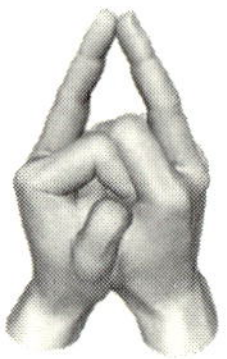
神道―祓いの印

古神道の印

神道でも九字印（臨兵闘者皆陣列前行）を結んだり、その他、神道独特の印を用います。神道によっては同じ形の印でも呼名が異なり、いくつかは密教と同じ結び方をする印もありますが、呼名や意味合いが違います。密教と同じ形でも、多くの場合、左右の手の位置が逆になります。つまり密教では右手を上（手前）にしますが、古神道では左手が上（手前）になります。

独特な印としては、大宮司朗著『古神道　玄秘修法奥伝』（八幡書店刊）によれば、およそ百印ほどが伝わっていますが、神を表すものではなく、拝神印、奉餅印、富貴印など神前での所作、奉納、祈願を示す印といえます。

古神道には組んだ指の間に息吹を吹き込むという作法があります。

その他の印

印は修験道や陰陽道・道教などにもあります。

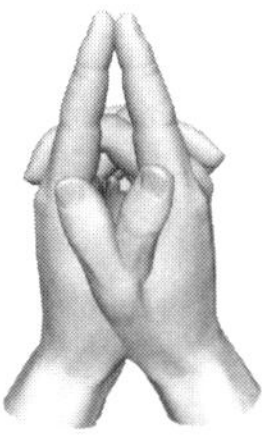

九字総印

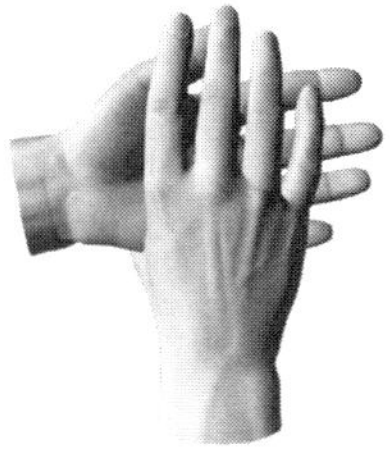

四縦五横印

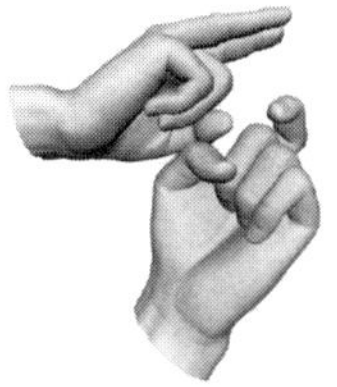

道教―龍虎印

修験道では多くは密教の印が使われますが、道祖神印、天狗印、不動明王十四印など独特の印もあります。修験道には九字の印があります。九字の一字一字に密教の印が当てられ、唱えながら順に印を組んでいきます。しかし、素早く組むには修練が必要でむずかしく、ここでは簡単な一印で九字を表す「九字総印」を紹介しておきます。

①まず右手を手前にして、両手の指を外に出して組みます。

②両人差し指を立て、指先を付け合わせます。

③親指は交差させます。

また九字の四縦五横は後述のように手刀で「切る」動作をしますが、より簡単な方法として一印で四縦五横を表す「四縦五横印」をあわせて紹介しておきます。

道教の印もまた独特で、願いを形にした印といえるかもしれません。たとえば龍虎の印。左手は握り、人差し指を伸ばして第一、第二関節で曲げ、虎を表します。右手は中指、小指を曲げて親指で押さえ、人差し指、薬指を伸ばして龍を表します。

※呪文編で用いた印は、巻末に組み方を示しています。

魔を破すまじない
九字を切る

一切の魔障を降伏退散させ、災難を除くという九字。この九字にともなう所作には、九字のそれぞれを手に組む印と、手刀で切る早九字などがあります。本書では手刀での四縦五横と呼ばれる「早九字」の方法を示しておきます。

九字とは道教で、山に入る時に「臨《りん》・兵《びょう》・闘《とう》・者《しゃ》・皆《かい》・陣《じん》・列《れつ》・在《ざい》・前《ぜん》」、そして「行《こう》」と唱えられていた呪文（『抱朴子』）が、陰陽師などを通じて古神道や修験道などで用いられるようになり、日蓮宗などでも唱えられています。

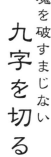

魔は「陰」に頼るといわれ、「陽」をもって「陰」を破し、「九」は「陽」の満数であるところから、九字が用いられるのです。そのため、さまざまな九字があります。

刀印・手刀

九字は呪文として唱えられていましたが、やがて九字に合わせて印が結ばれるようになり、さらに手刀で切る所作をするようになりました。手刀は右手を握り、人差し指と中指を伸ばして刀印を作ります。左手は軽く握って鞘《さや》のようにします。

九字を切る時は、軽く握って鞘にした左手を腰に当て、いったん鞘の中に手刀を納め、九字を切る時に鞘から抜いて九字を切ります。九字を切り終えたら、また鞘に収めます。

抜いたままだと自分の身に降り掛かって危険だといわれているので注意しましょう。

四縦五横

九字法はいろいろありますが、もっとも広く知られ使用されている九字法は、四縦五横《しじゅうごおう》と呼ばれている方法です。この法は九字を印で組む余裕のない場合など、より早く行うもので「早九字」と呼ばれています。

これは「臨《りん》」「兵《ぴょう》」「闘《とう》」「者《じゃ》」「皆《かい》」「陣《じん》」「烈《れつ》」「在《ざい》」「前《ぜん》」の九字を唱えながら、図のように格子状に縦四本、横五本の線を、交互に手刀で切るような動作をするものです。

まず、右手を前に伸ばして刀印を結びます。そして「臨《りん》」

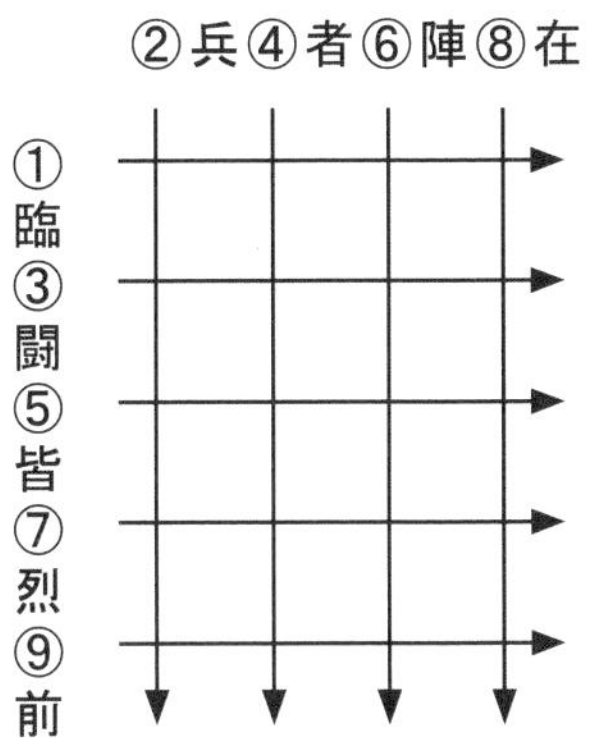

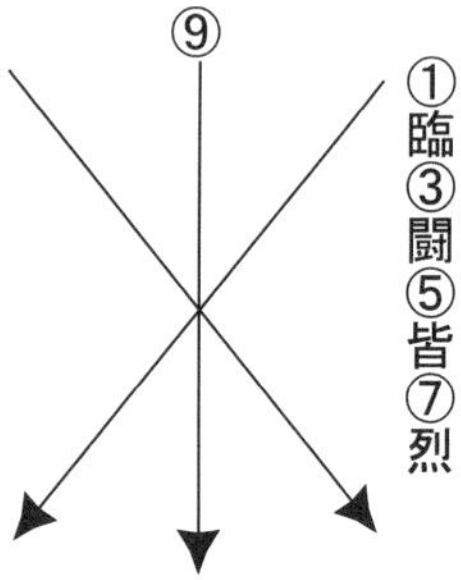

と唱えながら空中で①の位置に左から右へ思い切り手刀で横に切ります。つづいて②の位置に「兵《ぴょう》」と唱えながら上から下へ切り下ろすように縦に切ります。同じようにして③「闘《とう》」と唱えながら横に切り、④「者《じゃ》」と唱えながら縦に切り、⑤「皆《かい》」と唱えながら横に切り、⑥「陣《じん》」と唱えながら縦に切り、⑦「烈《れつ》」と唱えながら横に切り、⑧「在《ざい》」と唱えながら縦に切り、⑨「前《ぜん》」と唱えながら横に切っていきます。図のように、必ず交互に格子状に切ることが大切です。

この四縦五横は白い紙に書いて（①〜⑨の順序で縦四本、横五本の線を書き、最後に点を打つ）、身に付けておくお守りとしても用います。

また、図のように、ケサ懸けに×を書くように切り、最後に縦に一刀両断にする方法もあります。右斜め上から左下に向けて「臨」と唱えながら切り、続いて「兵」と唱えながら左上から右下に向けて斜に切ります。「闘」「者」「皆」「陣」「烈」「在」と唱えながら交互に繰り返し、最後に「前」と唱えながら思い切り中央縦に切りおろします。

九字を切るには、いずれも相手を倒すわけですから、力強く思い切り切ることが大切です。

また修験道などでは、目的に合わせて、九字の最後にさらに一字を加えた十字法という法も行われています。

日蓮宗の九字法

これらとは違った方法で九字法を行っているのが日蓮宗です。日蓮宗では修法（祈祷）の際には、剣形の板に数珠を組み合わせた木剣という修法用具を用いて、打ち鳴らすようにして九字を切ります。

そのため「九字を切る」というよりも、「留九字を打つ」などという言い方をしています。これは空中に九つの点を想定し、順に切りながら打っていくといえます。

日蓮宗の「九字法」は秘伝とされて詳細は記せませんが、すでに公表されているものもありますので、それを紹介しておきます。

九字にはいろいろありますが、切る九字の形は「妙」の字が基本です。「妙」の字は七画ですが、九字法用に女偏を四画とし、最後に払いの点あるいは留点を置いて九画にしています。

木剣という仏具は一般には使えませんので手刀を用います。刀印でこ

妙九字

妙一九字

の妙の字を書くようにして九字を切ります。妙に一の字を加え「妙一」として九字を切る方法もあり、祓いや守護に用います。

四縦五横の形では「臨《りん》」「兵《ぴょう》」「闘《とう》」「者《じゃ》」「皆《かい》」「陣《じん》」「烈《れつ》」「在《ざい》」「前《ぜん》」の九字文を使うこともありますが、法華経文の九字あるいは十字の要文を用いています。「妙法蓮華経序品第一《みょうほうれんげきょうじょほんだいいち》」「妙法蓮華経怨敵退散《みょうほうれんげきょうおんてきたいさん》」「令百由旬内無諸衰患《りょうひゃくゆじゅんないむしょすいげん》」、また「妙法蓮華経呪詛毒薬《みょうほうれんげきょうしゅそどくやく》」などと、経文を目的に合わせて誦しつつ九字を切ります。また次のような用法もあります。

●八払い九字

魔退散の九字で、①令②百③由④旬⑤内⑥無⑦諸⑧衰⑨患と唱えながら、八の字を書くように切ります。

●怨敵調伏払九字

怨敵調伏の九字で、①妙②法③蓮④華⑤経⑥咒⑦咀⑧毒⑨薬と唱えながら、切り倒すようにして切ります。

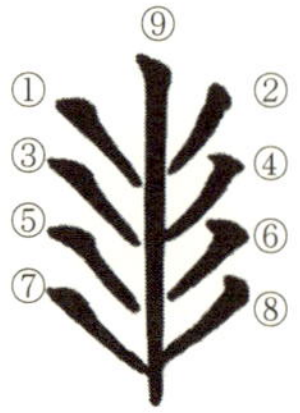

古神道の九字

神道にも四縦五横の九字がありますが、魔を祓う十字法も伝わっています。

魔を祓う十字法は、まず刀印を結んで額に置き、「八剣《やつるぎ》や　波奈《はな》の月《つき》の　この剣《つるぎ》　向《む》かう悪魔《あくま》　薙祓《なぎはら》う奈利《なり》」と唱え、念力を指先に込めて、「①一《ひ》②二《ふ》③三《み》④四《よ》⑤五《いつ》⑥六《むゆ》⑦七《なな》⑧八《や》⑨九《ここの》⑩十《たり》」と唱えながら上図のように切ります。

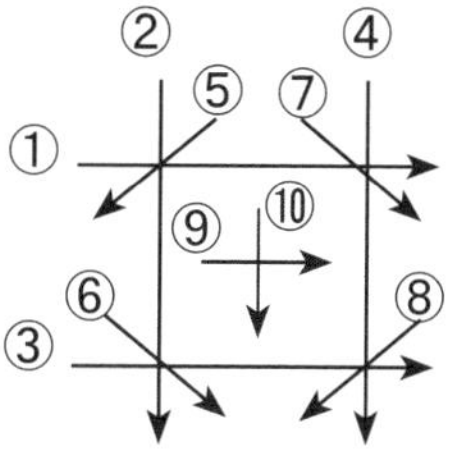

また独特な法として「①無《む》②上《じょう》③霊《れい》④宝《ほう》⑤神《しん》⑥剣《けん》⑦大《だい》⑧々《だい》⑨加《か》⑩治《ぢ》」と唱えながら、順に左図のように切ります。

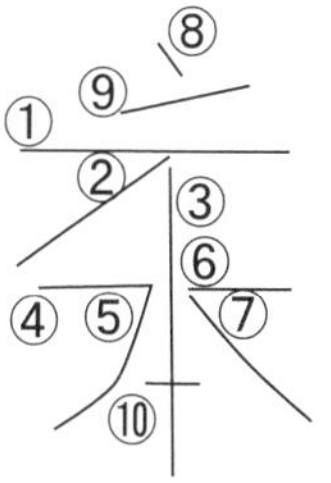

知られる十字法として「①天《てん》②地《ち》③玄《げん》④妙《みょう》⑤行《こう》⑥神《じん》⑦変《ぺん》⑧通《つう》⑨力《りき》⑩勝《しょう》」と唱えながら順に左図のように切っていきます。

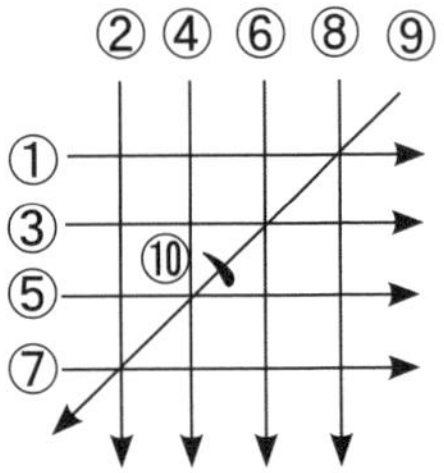

この十字法は、最後の「勝」を読み替えて、病のときは「治」と、道切りや離縁などには「離」と改めて唱えるとしています。

また独特の切り方をする九字法として、両端から中へと順に切り、斜めに切り収めるという護身法もあります。

その他の九字

その他にも九字があります。仏教系では、真言宗や法相宗などでの「天元行躰神変神通力《てんげんぎょうたいじんぺんじんつうりき》」。

陰陽道では、九字を取り入れた際に四神、神人、星神の名に置き換えた九字として、「朱雀《すざく》・玄武《げんぶ》・白虎《びゃっこ》・勾陣《こうちん》（陳）・帝久《ていきゅう》（帝公、帝正、帝台、帝后、帝禹）・文王《ぶんおう》・三台《さんだい》・玉女《ぎょくにょ》・青龍《せいりゅう》」、また「青龍《せいりゅう》・白虎《びゃっこ》・朱雀《すざく》・玄武《げんぶ》・勾陣《こうちん》・帝台《ていだい》・文王《ぶんおう》・三台《さんだい》・玉女《ぎょくにょ》」、「青龍《せいりゅう》・白虎《びゃっこ》・朱雀《すざく》・玄武《げんぶ》・勾陣《こうちん》（空陳、空珍）・南斗《なんと》（南儒）・北斗《ほくと》・三台《さんだい》（三態）・玉女《ぎょくにょ》（玉如）」などがあります。

この場合、縦横交互に切るのではなく、まず縦に四本切り、次いで横に五本切ります。

五芒星

五芒星は手刀で星型に切っていくもので、陰陽道や密教、修験道、日蓮宗などで用いられています。

切り方は左図の通りで、①から⑤へと順に切っていき、最後に⑥中央に点を打つようにして切り込みを入れます。

唱え文は日蓮宗では秘伝とされ公開されていませんが、密教、修験道では「①バン②ウン③タラク④キリク⑤アク」と唱え、最後に中央に点を打ち「⑥ウン」と唱えます。

魔を破すまじない

護る

まじないで書くといえば、護符・御札がその代表でしょう。護符や御札などは神社仏閣で授与されるものである一方、自分で書くこともできます。本書ではお守りとして梵字や鬼字を用いています。

霊符《れいふ》（呪符《じゅふ》）

お寺や神社で祈願すると、必ずといって良いほど御札やお守りを求めることでしょう。霊的な力を秘めた霊符はまじないには重要な要素です。つとに知られた霊符として道教、陰陽道などでの七十二通霊符がありますが、どの宗教にも霊符はあるといえます。

制作にあたっては、決められた時間や厳格な作法にのっとって進められますが、本書ではそれらにこだわることのない霊符を紹介しておきます。ただ制作の前には必ず身を清めることだけは行っておいてください。

普段身につけておく場合は、折りたたむのではなく、いったん下から巻き上げて押さえます。携帯の際には、清め符に包みます。

家屋安全

家庭円満

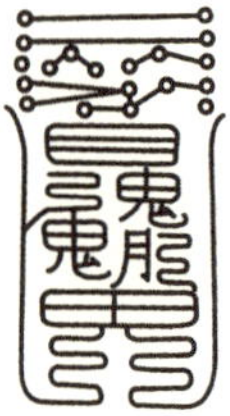

梵字

梵字は記号のように見えますが、仏教が発生した古代インドで使われていた梵語（サンスクリット語）の文字（デーバナーガリー）です。密教では種字といい、この梵字を用いて仏教諸尊を表しています。諸尊の梵名の頭文字や性格を表す言葉の中から一字を取り、仏尊を表しているのです。梵語で表した諸仏諸尊のイニシャルのようなものと思えば良いでしょう。ですから諸仏諸尊にはみな梵字があるといえます。各尊が同じ梵字を使うこともありますが、同じ尊がいくつもの梵字を持つこともあります。

大日如来（金剛界）

十一面観音

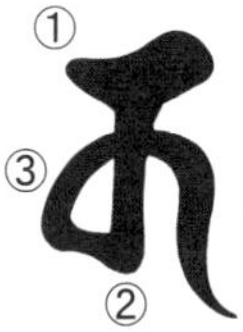

大日如来（胎蔵界）

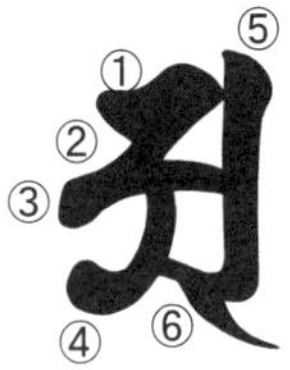

普賢菩薩

愛染明王

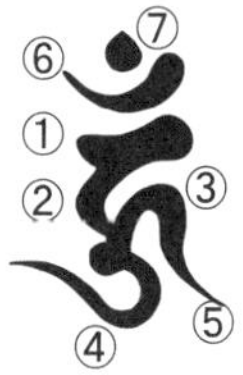

阿弥陀如来
観世音菩薩

おもな梵字には前頁のようなものがあります。

梵字を書くコツは漢字を書くのと同じような要領で、上から下、左から右、点は最後に下から上、と覚えておくと良いでしょう。

紙に書いて普段のお守りにしたり、またまじないの際に掌に書いて諸尊の加護を願えばよいでしょう。

鬼字法

修験道や密教、日蓮宗には「鬼」字を変形させた文字を用いる鬼字法というのがあります。ことに日蓮宗では独特の文字を用います。祈祷本尊の鬼子母神の「鬼」字を変形させた文字で、まじないでも多く用いています。

鬼子母神とは一般には子育て・安産の神、子供の守護神として知られており、密教では息災法の本尊とされています。法華経に説く鬼子母神は「法華経」を行ずる者を強烈に守護することを説いています。各種のどんな災難であろうとも、生霊・死霊でも排除するというものです。

鬼子母神はもとは鬼女でしたが、仏に帰依して角が取れたというので「鬼」

と書きます。この文字に祈祷の目的に応じて、内容に合った文字を組み合わせて鬼字を作ります。

鬼字の基本は上図のように書きますが、書様の伝にいくつかあり、「甲乙」「田九」と書くともいいます。いずれにしてもこの鬼字は、九画に書くようにします。この「鬼」字を偏として、さらに旁《つくり》の部分に目的に応じた文字を組み合わせて鬼字を書くわけです。

日蓮宗での鬼字法は「鬼字相承」として修法上秘伝とされていますので詳細は記せませんが、願望成就であれば願望が叶うように「⿰鬼士」と書き、火難予防であれば「⿰鬼水」と書きます。しかし、これらは修法上に大きな意味がありますので、ただ目的に応じた文字を書けば良いというものでもありません。旁の漢字の筆順は通常の書き方をします。

これら鬼字は修法にあたって、その場で空中に書いたり、掌に書いたり、あるいは護符などにも書くものですが、白い紙に墨で書いて身につけておくお守りにすることもあります。お守りの場合は手刀で鬼字の上から四縦五横あるいは五芒星を書き、さらに中央に点を打つ所作をします。

魔を破すまじない
結界する

まじないに、魔の侵入を許したのでは大変です。読経や呪文を唱える前に結界しておきましょう。

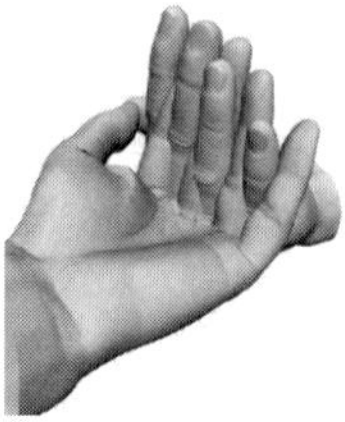

まじないの場では魔の侵入を防ぐことが重要です。そのためには結界が設けられます。結界で最も知られているのはしめ縄です。巻末にしめ縄幣を示しておきましたので参考にしてください。

まじないの際の結界法は密教や修験道では次の法があります。

①まず、浄水か浄砂、または塗香《ずこう》を用意します。

②次いで、両手で相叉合掌印（両手の指の甲を合わせ交差させます）を結びます。

③「バサラ　ダルマ　キリク」と真言を唱えます。

④場の四隅に浄水または浄砂、あるいは塗香を散布します。

この法は自室だけでなく、どこでもできますので、塗香は普段から用意しておくとよいでしょう。

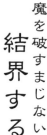

魔を破すまじない
飲む

魔の障りによる体調不良への対処として、
体外的修法のみならず、
体内的効果をもたらす薬法・護符があります。

まじないで飲むといえば、古くから薬法が伝わっています。

薬《やく》法《ほう》

かつて人々の祈りの多くは病に関するものでした。多くの人が医者にかかれず、祈りを通して治癒を願っていたのです。

その祈りには、薬法が用いられることもありました。現代では、薬事法という法律があり、勝手に薬を作ることはできませんが、昔は漢方や民間療法など、薬草を用いて薬が作られていました。その多くが、修験道などで用いられていた薬法といえます。かの有名な富山の薬売りなどというものは、もとは立山修験によるものです。

現代でも、幾つかが伝わっていて、吉野や高野山の陀羅尼助、御岳山の百草丸、鳥取県大山の大山煉熊丸などはよく知られた薬です。日蓮宗でも、身延の上沢寺の毒消イチョウ薬はよく知られています。

これらは現代では製薬会社によって数種類が作られているものです。弘法大師空海によれば、「病は四大不調と、鬼と業より起こる」と説き、また「薬湯により肉体の不調を療し、鬼病は真言陀羅尼をもって療し、業の病は懺悔によって療す」と説いています。四大（肉体）の不調は薬湯で治し、精神的・霊的病は真言で治し、業による病は自らの懺悔によって治すというわけです。

古くからの薬法や伝書、民間療法、巷間に広まっていたまじない書などの記述には、かなり危険なものもあったようで、現代では劇薬に指定されているものもあり、薬事法などの問題から本書では示してはいません。あるいは、内容に合わせて市販のサプリメントや健康茶、薬草茶などのほうが良いのかもしれません。

護《ご》符《ふ》

また「飲む」ということでは、護符《ごふ》があります。

護符といえば御札やお守りがあります。この場合の「ごふ」の「ふ」は竹冠で「符」と書きますが、飲む「ごふ」の場合の「ふ」は草冠で「苻」と書き分けています。この護苻は祈祷修法の場で用いられますが、秘伝中の秘伝で全く公開されていませんので、本書でも示していません。

呪文編

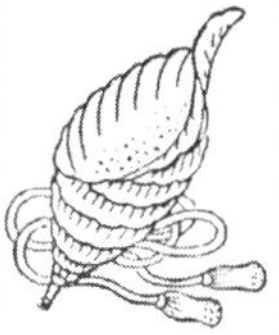

祓い、そして清め

様々な願い事をするのなら、自ら心身ともに清くして…祓いは清めで、清めは祓い。

修験道における祓いの文。

【まじない法】常々唱えます。ことに願い事の前には唱えておくと良い呪文です。

天《てん》清浄《しょうじょう》　地《ち》清浄《しょうじょう》　内外《ないげ》清浄《しょうじょう》　六根《ろっこん》清浄《しょうじょう》　心《しん》清浄《しょうじょう》にして諸《もろもろ》の穢《けが》れは無《な》し。吾《わ》が身《み》は六根清浄《ろっこんしょうじょう》にして天地《てんち》の神《かみ》と同体《どうたい》なり。諸《もろもろ》の法《のり》は影《かげ》の像《かたち》に随《したが》うが如《ごと》く、為《な》す所《ところ》、行《おこな》う所《ところ》、清《きよ》く潔《きよ》ければ仮《かり》にも穢《けが》るることは無《な》し。最《さい》尊《そん》無《む》上《じょう》の霊宝《れいほう》、吾《わ》れ今《いま》具《ぐ》足《そく》して心清《こころしょう》浄《じょう》なり。

自力祓

「祓い給え、清め給え」。
いやいや、お願いする前に、
まずは自らが先。

はらい申す
清め申す

陰陽道では、「はらい申す、清め申す」と唱えていました。

【まじない法】
①神前で二礼します。
②祝詞を唱えます。
③二礼二拍手一礼します。

自祓

とにもかくにも自らが清められていなければ。
汚れた器に、いくらきれいな水を入れても、
綺麗にはならないのです。

自祓い。

【まじない法】
①神前で二礼します。
②祝詞を唱えます。
③二礼二拍手一礼します。

掛巻《かけまく》も恐《かしこ》き伊《い》邪《ざ》那《な》岐《ぎの》大神《おおかみ》　筑紫《つくし》の日《ひ》
向《むか》の橘《たちばな》の　小戸《おど》の阿波岐原《あわぎはら》に御禊祓《みそぎはら》
へ給《たま》いし時《とき》に坐《ま》せる祓戸《はらえど》の大神達《おおかみたち》
諸々《もろもろ》の禍事《まがごと》　罪穢《つみけがれ》有《あ》らむをば
祓《はら》へ給《たま》ひ　清《きよ》め給《たま》へと白《もう》す事《こと》を
聞《き》こし食《め》せと　恐《かしこ》み恐《かしこ》みも白《もう》す

一切成就祓

どんな汚れでも、知らぬ間の悪事でも、
どんな過ちでも、どんな悲しいことでも、
どんな失敗でも、唱えていれば大丈夫です。

極《きわめ》て汚濁事《きたなきこと》も滞《とどこお》り無《な》ければ穢濁《きたなき》は
あらじ内外《うちと》の玉垣《たまがき》清《きよ》し浄《きよ》しと白《もう》す

自祓い。
唱えていればどんな穢れも気にすることはない、という祝詞です。

【まじない法】
①神前で二礼します。
②祝詞を唱えます。
③二礼二拍手一礼します。

禊祓《みそぎはらえ》

神様は不浄を嫌います。
禊で心身の罪穢れを
取り祓いましょう。

自祓い。

【まじない法】
①神前で二礼します。
②祝詞を唱えます。
③二礼二拍手一礼します。

高天原《たかまのはら》に神留坐《かみづまりま》す神魯岐《かむろぎ》神魯美《かむろみ》の命《みこと》以《もち》て皇御祖神《すめみおやかむ》伊邪那岐命《いざなぎのみこと》筑紫《つくし》の日向《ひむか》の橘《たちばな》の小戸《おど》の阿波岐原《あわぎはら》に御禊祓《みそぎはら》ひ給《たも》ふ時《とき》に生坐《あれま》せる祓戸《はらえど》の大神等《おおかみたち》諸々《もろもろ》の枉事《まがごと》罪穢《つみけがれ》を祓《はら》ひ賜《たま》へ清《きよ》め賜《たま》へと申《もう》す事《こと》の由《よし》を天《あま》津神《つかみ》国津神《くにつかみ》八百萬《やおよろず》の神等《かみたち》共《とも》に天《あめ》の斑駒《ふちこま》の耳振《みみふ》り立《たて》て聞《きこ》し食《め》せと恐《かしこ》み恐《かしこ》みも白《もう》す

禊《みそぎ》をしたいけど

禊をしたいが、近くに川も滝も海もない。
でも大丈夫、この呪文は水辺でなくとも
部屋の中でも禊の効験があるのです。

㈠天《あめ》の水《みず》　地《くに》の水《みず》　元神《もとかみ》の水《みず》
人《ひと》の水《みず》受《う》け　灌水《みそそぎ》の道《みち》

㈡中神《なかかみ》や　過神《すぎかみ》掛《か》けて　灌《そそ》ぐ水《みず》
罪《つみ》てふ罪《つみ》に　消《け》ぬ罪《つみ》はなし

神道の禊の呪文。

【まじない法】

①胸元辺りで、右手の五指を軽く伸ばして指間を空け、掌を上に向けます。左手も同様にして掌は地に向けて右手を覆うようにします。そして「天の水」と唱えて左手の小指を揺らし、「地の水」と唱えて右小指を揺らし、「神の水」と唱えて左手の五指を動かし、「人の水」と唱えて右の五指を動かします。次いで、㈠の呪文を唱えます。

②右掌を上に向け、次いで指先を地に向けて、水を注ぐような仕草をし、㈡の呪文を唱えます。

滅罪

自分では正直に、そしてまっとうに真面目に生きている、でも知らぬ間に何らかの罪を犯しているのかも。

オン　バラダバサラ　ダン

密教の文殊菩薩の六字呪といわれる真言。

滅罪、調伏に効験があるとされます。

【まじない法】

真言を至心に唱えます。

罪業清め

なかなか祈りが叶わない。
もしかして、自分の知らない
過去世の罪業か。

帰命《きみょう》　天河弁才天《てんかわべんざいてん》

オン　ソラソバテイエイ　ソワカ

天河弁才天の真言。

祈りがなかなか叶わないとき、祈りとともにこの真言を唱えれば、必ず叶うとされます。

またこの天の水によって過去世からの罪垢が清められ清浄になるとされ、何度生まれ変わっても七福を受ける、といわれます。


【まじない法】

至心に呪文を唱えます。

参詣清め

あらっ、手水がない。

神仏に参詣するときに身の不浄を祓う法です。

神社仏閣など、神仏参詣の折には身を清めますが、それができない場合、手水舎もないとき、唱えます。

【まじない法】

無所不至印を結んで、唱えます。

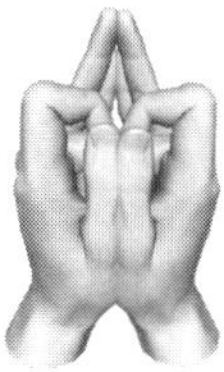

アビラウンケン　バサラ　ダトバン

観《かん》彼《ひ》久《く》遠《おん》猶《ゆう》如《にょ》今《こん》日《にち》

清めて難を祓う

国難も祓う大呪文。私にも…。

吐《と》普《ふ》加《か》身《み》依《え》身《み》多《た》女《め》
寒《かん》言《ごん》神《じん》尊《そん》利《り》根《こん》陀《だ》見《けん》
婆《は》羅《ら》伊《い》玉《たま》意《い》喜《き》余《よ》目《め》出《い》玉《たもう》

「三種大祓」の呪文。

お祓いの言葉の中でも最も効力のある言霊といわれ、我が国が大きな国難に遭わないのは、この呪文のおかげともいわれます。

唱えることで心は浄化され、身に降りかかるあらゆる難厄を祓う呪文です。


【まじない法】

何度でも声に出して唱えます。

※「寒言神尊利根陀見」とは、「坎艮震巽離坤兌乾」のこと。

家の浄化

神は清浄を好み、魔は不浄を好みます。
家内を清浄にしてこそ、魔を防げるのです。

天清浄《てんしょうじょう》　地清浄《ちしょうじょう》
内外《ないげ》清浄《しょうじょう》　六根清浄《ろっこんしょうじょう》
天津神《あまつかみ》　国津神《くにつかみ》
祓《はら》い給《たま》え　清《きよ》め給《たま》え

古神道の家内清浄の呪文。

【まじない法】
毎朝、また気になる時に唱えます。

復縁成就

富士山の神は恋愛成就の神様だった。

人《ひと》しれぬ　思《おも》ひはつねに
富《ふ》士《じ》の根《ね》の
たえぬ煙《けむり》は　わが身《み》なりけり

古神道などに伝わっている呪文。

恋に迷う人は、富士浅間菩薩に祈れば成就するといわれ、また別れてもよりを戻したいときに唱えると叶うといわれています。

【まじない法】
合掌し、呪文を唱えます。

恋愛成就

異性は数々あれど
どうしても
この人と結ばれたい。

オン　ウンダキ
ウンジャク　ウンシッチ
ソワカ

愛染明王の真言。

【まじない法】

①結ばれたい相手への思いを強く念じます。
②愛染明王の印を結びます。右手が手前になるようにして指を内側に屈して絡ませ、両中指を立て交差させます。
③真言を七回唱えます。
④梵字を書いて身につけておきます。

夫婦和合

結婚して、もう数年。仲睦まじく夫婦円満。
あなたとはいつまでも一緒に。そろそろ子宝に恵まれたい―
そんな願いに効果ありという呪文です。

オン　マカラギャ
バゾロ　シュニシャ
バザラサトバ
ジャクウン　バンコク
世《よ》の中《なか》は　三《み》つ世《よ》の神《かみ》の誓《ちか》いにて
想《おも》う間《あいだ》の仲《なか》とこそ
キヤカラバ

【まじない法】

①紙で同じ大きさの人形を二つ作り、一方に男性の、他方に女性の名前と生年の干支を、同じ大きさの文字で同じ位置に書きます。

②文字を記した面を向かい合わせにして二つの人形を糸でくくって一つにします。

③白い紙に包み、表に「伊弉諾尊」「伊弉冊尊」と二行並べて書きます。

④愛染明王の印を結び、呪文を唱えて、相手の枕の下にしのばせておきます。

浮気封じ

どうも浮気してそうだ。
浮気相手を憎むより、彼（彼女）の愛がより強く
自分に向くように祈りましょう。

オン　キリカク　ソワカ

茶枳尼天の真言。
相手の浮気封じや三角関係解消にも良いとされる呪文。

【まじない法】
①相手の愛がより強く自分に向くように念じながら、真言を七回以上唱えます。
②梵字を紙に書いて、身につけておきます。

人に好かれたい

人に好かれたい、というのは誰でも思うことでしょう。人は小さな言動でも、誤解を受けやすいものです。

オン　コロコロ　センダリ　マトウギ　ソワカ

薬師如来の真言。

薬師如来は、病の仏様として知られていますが、普段から唱えていると、健康的になり、人から好感を持たれてきます。

【まじない法】

①薬師如来の印を組みます。両手、右手を手前にして指を内に屈して組みます。両親指を並び立て、人差指からやや離し、三度去来します。②梵字を身につけておきます。

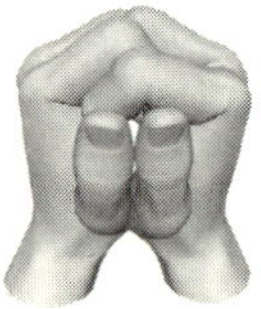

思う人を夢に見る

恋しい恋しいあなた
会いたい。会えないなら
せめて夢の中でも。

いとせめて
こいしきときは
ぬば玉《たま》の
よるの衣《ころも》を
かへしてぞねる

古くから知られる呪文。
かつては夜、寝間着（着物）を裏返しに着て、左前に合わせて呪文を唱えました。現代ではだいたいパジャマなので、それを用います。

【まじない法】
寝る時に寝間着、パジャマなどを裏返しに着て、呪文を三度唱えます。

仇なす敵を
味方に

神にとっては敵も味方もないのです。
神愛をもって接すれば、
敵は敵でなくなるのです。

敵《あだな》へは　慾《ほし》み恨《うら》みに発《おこ》りけり
捨《す》てて愛《いつ》くに　滅《ほろ》びぬはなし

神道での、仇なす敵も味方にするという降敵の呪文。

【まじない法】
①右掌を上（天）に向けて、軽く自然に屈します。
②呪文を唱えます。

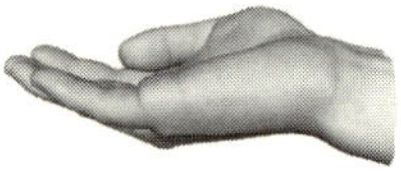

あいつには勝ちたい

勝ち負けには
こだわるわけじゃないけれども、
でもあいつには負けたくない。

帰命《きみょう》（南無《なむ》）勝手《かって》大明神《だいみょうじん》

オン　ベイシラマナヤ　ソワカ

勝手明神の真言。

勝手明神は毘沙門天の垂迹とされており、真言も毘沙門天と同じです。

その姿は甲冑を身につけ、右手に智恵を表わす利剣（刀）を持ち、腰には智恵を表わす矢を差し、怨敵を破し、衆生に福を与えるとされます。

諸天に勝つというところから、この名があります。

【まじない法】

真言を何度でも唱えます。

相手に勝つ

好むと好まざるにかかわらず、
起こってしまう他人との争い事。
自分に非はないのに。裁判・訴訟…

他人との争い事や訴訟などに勝つという呪文です。

【まじない法】

①印を組みます。印は右手が上になるようにして、指を外に出して組み、両親指と両小指を立てて合わせます。

②真言を唱えます。

③「ソワカ」で、いったん組んだ手を左右に離し、再び同じようにして組みます。そして、両人差し指、両中指、両薬指を鳥の羽のようにバタつかせます。

オン　ホボロ　ソワカ

オン　古《こ》水《すい》波《は》入《にゅう》悉《しっ》帝《てい》衆《しゅ》生《じょう》印《いん》印《いん》納《のう》受《じゅ》

発帝《ほってい》　ソワカ

嫌な男と別れたい

もうすっかり醒めてしまった。
でも彼はしつこい。
いい加減、諦めて…

我《われ》念《おも》ふ　君《きみ》の心《こころ》の離《はな》れつる
我《われ》も思《おも》わじ　君《きみ》も思《おも》わじ

彼と別れたいと思う女性のための呪文で、悪縁を切る効果があるとされます。

【まじない法】
ただ唱えるだけで、効果があるとされます。

二度と会いたくない

あんな奴、私のところには二度と来ないで。

掬《むす》ぶ手《て》の　雫《しずく》に濁《にご》る　山《やま》の井《い》の
あかでも人《ひと》に　別《わか》れぬるかな

嫌いな人が自分のところには来なくなるという呪文です。

【まじない法】
この呪文を三度唱えます。

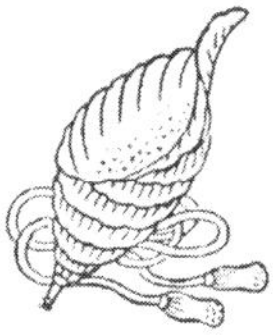

嫌な客、早く帰って

歓迎したくない客がまた来た。
来たものは仕方ない。
でも二度と来てほしくない。

むすぶ手《て》のしつかににごる
山《やま》の井《い》の　おりても人《ひと》には
わかれぬるかな

岩《いわ》はしのよるのちきりも
たへぬべし　あへるわびしき
うつりきの神《かみ》

来てほしくない客が、二度と来なくなるという呪文です。

【まじない法】

①この二首の歌を紙に書きます。

②客に知られないように、座布団、あるいは椅子の下などに敷いておきます。

③客が泊まるようなときは、そーっと客に知られないように、枕の下に敷いて寝させます。

害なす敵から身を守る

相手に分からぬよう身を隠して。

オン　マリシエイ　ソワカ

陽炎を象徴する摩利支天の真言。日天の眷属とされる天。

【まじない法】
①印を組みます。左手は親指を掌へ入れ握ります。右手は五指を伸ばして左手を覆うようにします。
②自分を害する相手の姿を思い描きつつ、真言を唱えます。
③梵字を書いて身につけておきます。

害なす悪人は諭せばいい

害をなす相手でも滅するのはかわいそう。悪人は滅ぼす前に諭すこと、さすれば分かるはず。これが仏教の基本。

オン　ソンバ　ニソンバ　ウン
バサラ　ウン　パッタ

降三世明王の真言。

【まじない法】
①印を組みます。まず両手を握って人差し指を伸ばし、小指を絡ませます。
②自分を害する相手の姿を思い描きつつ、真言を唱えます。何度でも。
③梵字を書いて身につけておきます。

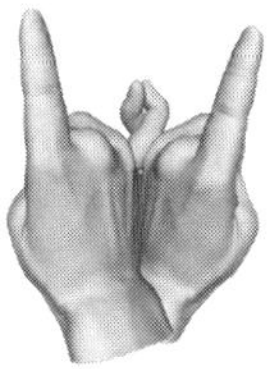

何かの祟りかな

このところどうにも調子が悪い。
別に何というでもないのだけれど、
何かの祟りかしらん。

古神道に伝わる祟鎮めの神文。
【まじない法】
何か様子が変と思った時に唱えます。

物毎《ものごと》に　起《お》こる心《こころ》を祓《はら》ひなば
何《いず》れの神《かみ》の　障《さわ》りあるべき
善悪《よしあし》の　隔《へだ》てばかりをしるしにて
たたり無《な》きこそ　神《かみ》の御《み》心《こころ》

悪魔退散

このところ何かと体の不調や不運が続く。
魔に魅入られているのかも。

古神道に伝わる悪魔、また鬼病退散の神文で、道切りの法と呼ばれます。

【まじない法】
①右手に刀印を結び、額の辺に置き、神文を唱えます。
②次いで、天、地、玄、妙……力と九字を唱えながら、刀印で四縦五横の九字を切ります。
③最後に、「勝」と唱えながら、右上から左下に向かって、刀印を切り下ろします。
※病気の時は、悪魔を「病《やまい》」と読み替えて唱えます。

八剣也《やつるぎや》　波奈《はな》の刃《やいば》の　この剣《つるぎ》
向《む》かう悪魔《あくま》※を　薙祓《なぎはら》ふなり

天《てん》　地《ち》　玄《げん》　妙《みょう》　行《こう》
神《じん》　変《ぺん》　通《つう》　力《りき》　勝《しょう》

呪詛返し

やっぱり調子が悪い。
誰かに呪われているのかも。

ねたしとは　何《なに》をいふらん　もとよりや
ままならぬこそ　浮世《うきよ》なりけれ
いかにして　のろいやるとも　焼鎌《やきがま》の
敏鎌《とがま》をもちて　打《う》ちや祓《はら》はん
怨敵《おんてき》の　呪詛《のろい》のいきを　祓《はら》ふなり
うけとりたまえ　今日《きょう》の聞神《ききがみ》

古神道の呪詛祓い法の神文。

【まじない法】

①空中に「鬼」の字を書きます。

②上記の神文を唱えます。

③次いで、左の神文を続けて唱えます。

音《おと》もなく　姿《すがた》も見《み》えぬ　呪詛神《のろいがみ》
こころばかりに　負《お》ふて帰《かえ》れよ
いかにして　呪詛《のろい》来《く》るとも　道《ち》
反《がえし》の　関守《せきもり》すべて　防《ふせ》ぎかえさむ

※丁寧に行う場合は、前頁の道切りの法を行ってから唱えます。

邪霊の除去

ノイローゼになりそう。

㈠
東方《とうほう》千陀羅道《せんだらどう》　南方《なんぽう》千陀羅道《せんだらどう》
西方《さいほう》千陀羅道《せんだらどう》　北方《ほっぽう》千陀羅道《せんだらどう》

㈡（不動明王真言）
ノウマク　サンマンダ　バサラダン
センダン　マカロシャダ　ソワタ
ヤ　ウンタラタ　カンマン

古神道に伝わる邪霊除去の言霊。

【まじない法】
①右手刀印を結び、左掌に左の文（符）を一文字ずつ重ね書きします。

山[illegible]　喼急如律令

②九字を切り、「東方千陀羅道、南方…北方…」と唱えます。
③不動明王真言を唱えて加持し左掌の文を飲み込みます。

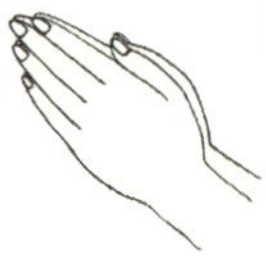

悪霊よ、去れ

ん、何かいるな。
嫌な気配を感じる…、嫌な視線を感じる…
もし災い為すなら去れ。

古来知られる和歌。

霊《れい》は見《み》つ　主《あるじ》は誰《だれ》とも　知《し》らねども
結《むす》び止《と》めつ　下前《したまえ》の妻《つま》

【まじない法】何かの気配を感じたら唱えます。

除難

どんな時でも、やはり難は避けたいものです。被る前に唱えておきましょう。

オン　ビマレイ　ジャヤバレイ　アミリテイ　ウンウンウン　ハッタハッタ　ハッタハッタ　ソワカ

オン　バラバラ　サンバラサンバラ　インジ（ダ）リヤ　ビシュダネイ　ウンウン　ロロ　シャレイ　ソワカ

大随求陀羅尼といわれ、古来より唱えられてきた真言。

【まじない法】

①随求菩薩の印を組みます。両手、五指を伸べ、左掌を仰げ、右手を伏せ、両掌を向かい合わせ、掌をやや屈します。

②何度でも真言を唱えます。

③梵字を書いて身につけておきます。

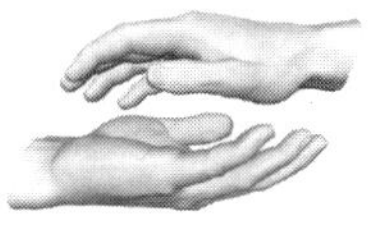

除貧

福を得たいなら、まずは貧を除くこと。
貧を除いてこそ吉祥が得られるのです。

吉慶《きっけい》　吉祥蓮華《きちじょうれんげ》　厳飾《ごんじき》　具財《ぐざい》　白《びゃく》
色《しょく》　大名称《だいみょうしょう》　蓮華眼《れんげげん》　大光曜《だいこうよう》　施《せ》
食者《じきしゃ》　施飲者《せおんじゃ》　宝光《ほうこう》　大吉祥《だいきちじょう》
タニヤタ　シリニ　シリニ　サラ
バキャリャ　サダネエ　シツニシ
ツニ　ニニニニ　アラキシャヤメイ
ノウシャヤ　ソワカ

吉祥天とその陀羅尼。

吉祥天を供養すれば、一切の財宝吉祥安楽を得て、貧窮乏一切の不詳を除き、あらゆる願求を円満するといわれています。

【まじない法】

毎日三時（朝・昼・晩）に三返ずつ唱えます。

蛇を避けたい

登山、里山ハイキングをしたい、でもやはり蛇は苦手。
蛇さえいなければ登山も楽しいのだけれど…

密教の印で、金翅鳥王の印。
金翅鳥は鳥類の王で、龍族（蛇）と不仲で蛇の天敵となり、蛇を主食にするといわれます。

【まじない法】
①印を組みます。両手を伸ばして伏せ、親指を交差させます。
②蛇が出そうな所では、真言を唱えながら歩きます。
③梵字を書いて身につけておきます。

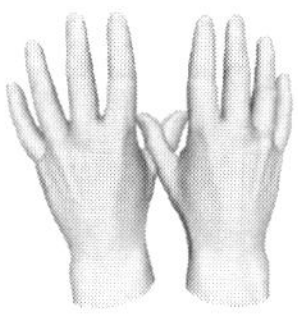

オン　ガルダヤ　ソワカ

または

オン　キシハ　ソワカ　オン
ハキシ　ソワカ

マムシ避け

野山に出かける機会が多い。でも蛇は苦手。とくにマムシにでも噛まれたら、と思うと足がすくむ。でも行かねばならない。となれば、まじなっておきましょう。

かのこまだらの
むしあらば
山《やま》たつひめに
かくとかたらん

この呪文を紙に書き、持参しておけばマムシに噛まれないといわれています。

【まじない法】
出かける前、そして目的地へ入る前、そして歩きながら唱えます。

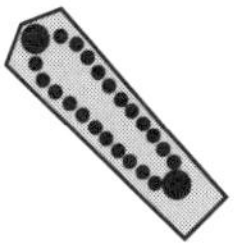

嫌だなあ、蛇は

蛇などに遭遇しても、蛇のほうがさ〜っと逃げていってしまうという呪文です。

観世音菩薩の誦文。

【まじない法】至心に唱えます。

蚖《がん》蛇《じゃ》及《ぎゅう》蝮《ふっ》蠍《かつ》　気《け》毒《どく》煙《えん》火《か》燃《ねん》

念《ねん》彼《ぴ》観《かん》音《のん》力《りき》　尋《じん》声《しょう》自《じ》廻《え》去《こ》

蛇は苦手

本能的にどうも苦手、
木の根っこさえ蛇に見えてしまう。
なんとかしてえ…。

密教の一髻文殊菩薩の真言。
一口に文殊菩薩といっても数種の文殊様がいます。
文殊菩薩の御姿の特徴は、頭に髻を結っていることです。普通知られる知恵の文殊様は、頭に五つの髻を結い、ここでは一つだけ髻を結う菩薩で、除病、安産、求児などに効験があるとされます。

【まじない法】
里山に入るときに、文殊菩薩にご加護を願いながら真言を唱えます。

オン　シャマナ　シュリ　ソワカ

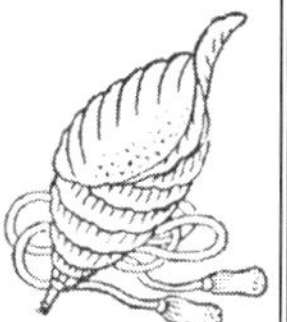

諸難除け、そして万民も

自分だけではない、人々の諸難を祓えてこそ自らも幸せ。

オン　バキリユ　ソワカ

オン　バサラ　クシャ　アランジャ

ウン　ソワカ

金剛蔵王権現の真言。国土を守護し、四魔八難を祓い、一切の生類を救うとされます。

【まじない法】常々、唱えます。

悪日を善日に

出かけたいけれど、今日はなんだか日が悪いなあ。
災難に遭いたくもないし…。でも大丈夫。
悪日を吉日に変えてしまうという呪文です。

大勝金剛の真言。

オン　マカバゾロシュニシャ　ウン
タラク　キリク　アク　ウン

若《にゃく》末《まっ》法《ぽう》世《せ》人《にん》　長《ちょう》誦《じゅ》此《し》真言《しんごん》
刀《とう》杖《じょう》不《ふ》能《のう》害《がい》　水《すい》火《か》不《ふ》焚《ぼん》漂《ひょう》

【まじない法】
①両手、内縛し（両手、右手を手前にして指を内側に屈し）、両中指を立て合せ、上節を屈して剣形にします。
②外出前に九字を切って呪文を唱えます。
③梵字を身につけておきます。

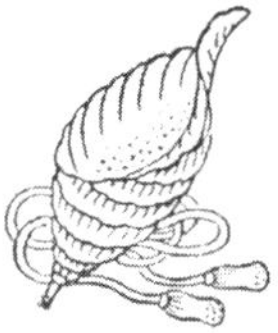

外出大事

今日は出かけたいけれど、行き先、方位が悪い…。
悪方位を吉方位に変えてしまうという呪文。

愛染明王の呪文。

【まじない法】

①外出前に、四縦五横九字を切り、愛染明王の印を結んで呪文を唱えます。

②愛染明王の印を結んで梵字を身につけておきます。

一切方処《いっさいほうしょ》　皆是吉祥《かいぜきっしょう》　無有遍際《むうへんざい》

離障碍故《りしょうげこ》　如風於空《にょふうおくう》　一切無碍《いっさいむげ》

難病を何とかしたい

なかなか治らない。見ている私は辛い。でもあなたはもっと辛いでしょう。

オン　デイバ　ヤキシャ
マンダマンダ　カカカ　ソワカ

青面金剛の真言。

青面金剛は庚申講などでの本尊とされますが、一切の猛獣、鬼難、諸難病を退散、治癒するとされます。

自分の病でも、身内、他人の病に対しても、効果があるとされます。

【まじない法】

部屋の西南に座して東北を向き、真言を唱えます

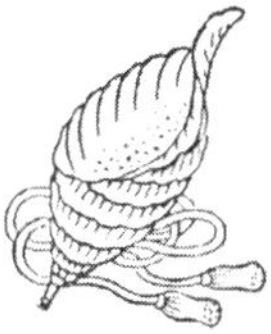

長生き

人寿百二十歳。
その天寿を全うしたい。

オン　バサラ　ユセイ　ソワカ

普賢菩薩の真言。
普賢菩薩は理を司り慈悲の象徴とされますが、密教では普賢延命菩薩として長寿延命の菩薩ともされます。

【まじない法】
至心に真言を唱えます。
※次の真言も効験があるとされます。
オン　サンマヤ　サトバン

長生の大事

災いを避け、福寿、増益、長寿、延命を願えば叶う。

オン　ナウヂ　マカナウヂ　ソワカ

修験道の長生の秘法。

【まじない法】

①浄三業、三部、被甲護身の印を結び、真言を唱えます（144Ｐ参照）。

②両手を金剛拳にして腰に置き、真言を三遍唱えます。

③長生を祈念します。

長生き

長生きするにはどうすればいい。
命を縮める元を絶てば良い。

彭《ほう》侯《こう》子《し》　彭《ほう》常《じょう》子《し》　命《めい》児《こ》子《し》

悉《しつ》入《にゅう》窈《よう》　冥《めい》之《し》中《ちゅう》　去《きょ》離《り》我《が》身《しん》

延命長寿の呪文で、身体の中にいて、寿命を縮めようとするとされる三尸を駆除する呪文です。

三尸は庚申の日に人が寝ている時に活動するとされ、かってはこの日、一晩中起きて三尸の活動を封じるなどしていましたが、この誦文を唱えればゆっくりと安眠できるとされます。

【まじない法】

眠る前に三度唱えます。

もう少し長らえて

長生きするにはどうすれば…
まずは今の病を治すべし。

延命長寿、病気平癒の呪文です。

【まじない法】
平素から唱えておきます。

たまのをを　むすびかためて
よろすよも　みむすびのかみ
みたまふゆらし

近くで火事が…

火事には水神様に。

オンテンスイキョリセイソワカ
オンケンロシャキョリスイテンソワカ
オンテイシキホンクイウトイソワカ
オンスイジャソワカ
オンキリャガラスイソワカ

神道五水神の呪文。
近くで火災があった時に、五水神に祈れば、その水徳によって類焼の難から免れられるという呪文です。

【まじない法】
五水神に水を供え、呪文を唱え祈念する。

※五水神とは、水道神、水明神、水照神、水皇神、水戸神。

延命を願って

あと少し生き延びたい…。

修験や密教で唱えられる祭文。

慎《つつし》み敬《うやま》って真言教主大日如来《しんごんきょうしゅだいにちにょらい》　両部界会《りょうぶかいえ》　諸尊聖衆《しょそんしょうしゅ》　殊《こと》に別《べつ》しては本尊聖衆《ほんぞんしょうしゅ》　泰山府君《たいざんふくん》諸眷属等《しょけんぞくとう》に白《もう》して言《もう》さく　それ泰山府君《たいざんふくん》と者《は》　閻魔法王《えんまほうおう》の太子《たいし》　深沙大王《じんしゃだいおう》の同尊《どうそん》なり　供敬供養《くぎょうくよう》すれば温病《うんびょう》を除《のぞ》き安身《あんしん》を獲《え》る　念誦修行《ねんじゅしゅぎょう》すれば短命《たんめい》を除《のぞ》き長寿《ちょうじゅ》を保《たも》つ　爰《ここ》を以《もっ》て瑜伽荘厳《ゆがしょうごん》の壇《だん》を飾《かざ》り　泰山府君《たいざんふくん》の法《ほう》を修《しゅ》す　仰《あお》ぎ願《ねが》わくは厄難厄害《やくなんやくがい》を忽《たちま》ちに除却《じょきょ》し　増寿増福《ぞうじゅぞうふく》を速《すみ》やかに保持《ほじ》せんことを　敬《うやま》って白《もう》す

【まじない法】
　この文は病気快癒、あるいは長寿を願う呪文ですが、ことに末期にあと少しでも生きていたいという時にも、強い意志をもって唱えれば効験があるとされます。

穢れを祓って病を治す

穢れを祓い病魔を駆逐。

烏芻沙摩明王の真言。

【まじない法】
①印を組みます。
②気の済むまで真言を唱えます。

オン　ハサラクッタ　マカハラニカ
ノウカ　フンシッフン　ビキツビマ
ノウセイ　ウシンボ　クッタウンム
ハッタハッタハッタ　ソワカ

貧しさよ去れ

富栄を願うなら、まずは貧を取り除くべし。

水《み》木《こ》火《ほ》土《つち》　金《かね》の宝《たから》の　珠《たま》持《も》てば

貧《まずし》は消《き》えて　跡《あと》は富幸《とみさか》

神道での除貧の呪文。

【まじない法】

①両手合掌し、そのまま軽く指を曲げて、両掌の間を空洞にします。

②そのままで両人差し指を曲げて、指先を親指の先につけます。

③呪文を唱えます。

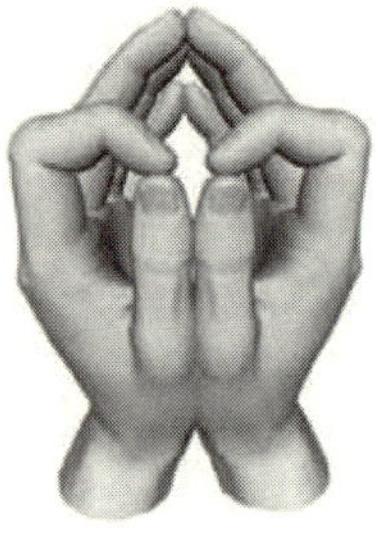

一年中無病息災

元旦の朝に唱えれば一年無病息災でいられるという呪文です。

烏芻沙摩明王の真言。

オン　クロダノウ　ウンジャク
七難即滅《しちなんそくめつ》　七福即生《しちふくそくしょう》
烏芻沙摩明王《うずさまみょうおう》　哀愍納受《あいみんのうじゅ》

【まじない法】
①大豆を一粒用意します。
②真言を唱えながら、その大豆で全身を撫でます。
③大豆を綿に包み、さらに紙に包みます。門口の地面を十センチほど掘って、「オン　クロダノウ　ウンジャク」と唱え、大豆を埋めます。
④埋め終えたら「この大豆より花咲くまで病難を免れしめたまえ。帰命す　烏芻沙摩明王　哀愍納受」と、十三回唱えます。

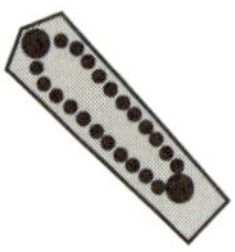

長命にして福来たれ

命長らえても不幸なら意味がない。福も同時にもたらせてください。

我《が》本《ほん》行《ぎょう》菩《ぼ》薩《さつ》道《どう》　所《しょ》成《じょう》寿《じゅ》命《みょう》
今《こん》猶《ゆ》未《み》尽《じん》　復《ぶ》倍《ばい》上《じょう》数《しゅ》
所《しょ》願《がん》不《ぷ》虚《こ》　亦《やく》応《おう》現《げん》世《ぜ》
得《とく》其《ご》福《ふく》報《ほう》

法華誦文で、寿命長遠、寿福増進。

【まじない法】

①空中に次の鬼字を書きます。その上から四縦五横を書きます。

②誦文を唱えます（毎日三度）。

③次のように、紙に書いて身につけておきます。

病気見舞い

知人の病気見舞をいしたいけれど、伝染らなければいいが…

流行病でも伝染しないという呪文。

【まじない法】

①外出前に呪文を唱えます。

②右手の中指で、左掌に、次の字を書きます。

坎

③書いたら握りしめて出かけます。

臨《りん》兵《ぴょう》闘《とう》者《じゃ》皆《かい》

陣《じん》列《れつ》在《ざい》前《ぜん》坎《かん》

鼻血止め

ツツツツー、あれ、なにかしらん。突然鼻血が…。ティッシュでも詰めておけば良いでしょうけれども、まじないも一つ。

ギャーテイ　ギャーテイ　ハラソウ
ギャーテイ　ボージー　ソワカ

般若心経の真言ですが、鼻血の時の呪文としても知られています。

【まじない法】
額に左の梵字を書き、最後の点を人差し指で押さえて真言を唱えます。

※親御さんがお子さんなどに。

延命長寿

身体壮健、百二十歳の長寿を保つといわれています。

天《てん》齢《れい》此《し》栄《えい》　願《がん》得《とく》長《ちょう》生《せい》

吾《ご》立《りつ》勲《くん》功《こう》　願《がん》得《とく》安《あん》寧《ねい》

南極星の呪文。

【まじない法】

寝る前に三度呪文を唱え、胸から腹へ撫で下ろして就寝します。

※これによって子孫まで長命になるといいます。

目力

目力、眼力、いやいや、このところ視力が変なのです。

説《せつ》是《ぜ》法《ほ》華《け》経《きょう》　汝《にょ》聴《ちょう》其《ご》功《く》徳《どく》
是《ぜ》人《にん》得《とく》八《はっ》百《ぴゃく》　功《く》徳《どく》殊《しゅ》勝《しょう》眼《げん》
以《い》是《ぜ》荘《しょう》厳《ごん》故《こ》　其《ご》目《もく》甚《じん》清《しょう》浄《じょう》
父《ぶ》母《も》所《しょ》生《しょう》眼《げん》　悉《しっ》見《けん》三《さん》千《ぜん》界《かい》

法華誦文で、目の清浄をもって視力回復をもたらします。

【まじない法】

①空中に次の鬼字を書きます。その上から四縦五横を書きます。

②誦文を唱えます。

③次のように紙に書いて身につけておきます。

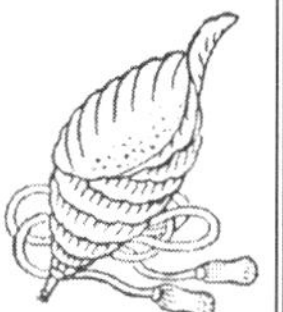

女難・色情除け

どうも君は女難の相があるみたいだ。この際どうだ、まじないをやってみては。

女難、色情、強欲、慢心、我慢、乱暴を矯正するとされる陀羅尼です。

【まじない法】

至心に陀羅尼を唱えます。

勾《ぐ》利《り》勾《ぐ》利《り》帝《てい》那《なー》　憂《う》杜《ど》憂《う》杜《ど》帝《てい》那《なー》　度《ど》呼《こ》
度《ど》呼《こ》帝《てい》那《なー》　究《く》陀《だ》究《く》陀《だ》帝《てい》那《なー》　若《じゃ》密《び》都《と》若《じゃ》
密《び》都《と》帝《てい》那《なー》　究《く》陀《だ》呼《こ》究《く》陀《だ》呼《こ》帝《てい》那《なー》　憂《う》守《しゅ》
憂《う》守《しゅ》帝《てい》那《なー》　耶《や》密《び》若《じゃ》那《なー》密《び》若《じゃ》帝《てい》那《なー》　度《ど》呼《こ》
陀《だ》究《く》陀《だ》究《く》　薩《そ》嚩《わ》訶《か》

火傷

富士山の神は浅間の大神。家事や焚き火、また火を扱う作業の前にまじなっておけば。

富士修験などで唱えられる呪文。

【まじない法】
合掌し、呪文を唱えます。

何所《いずこ》まで　火防風雨《かぼうふうう》の守護《しゅご》なれば
かけつけ給《たま》え　今日《きょう》の聞神《もんしん》

富栄え あれと願う

やっぱり富。
万民のために祈ってこそ、
自らも富栄えるのです。

木《こ》火《ほ》土《つち》や　金《かね》水《み》のさ作《な》せる諸宝《もろたから》
家《いえ》に満《みつ》れば　国《くに》に満《みち》ぬる

神道での招宝の呪文。
種々の宝玉をもたらすという呪文で、自らだけでなく、周りの人々、そして国中に富栄をもたらすとされています。

【まじない法】
①両手合掌し、そのまま軽く指を曲げて、両掌の間を空洞にします（珠を象徴）。
②呪文を唱えます。

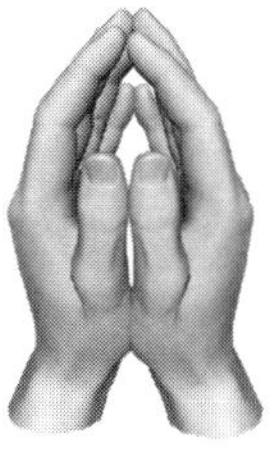

家門繁栄　商売繁盛

我が家もまだまだなあ。ここらで一つ、大きく羽ばたきたい。

掛巻《かけまく》も恐《かしこ》き稲荷《いなり》大神《おおかみ》の大前《おおまえ》に恐《かしこ》みも白《もうさ》く　大神《おおかみ》の厚《あつ》き弘《ひろ》き恩頼《おんたより》に依《より》て家《いえ》門《かど》を令起《おこさしめ》賜《たま》ひ　令立栄《たてしめさかえ》賜《たま》ひ　夜《よ》の守《まもり》　日《ひ》の守《まもり》に守《まもり》　幸《さきわ》へ賜《たま》へと恐《かしこ》みも白《もう》す

稲荷神の祝詞。

稲荷神は農業神、殖産興業神、商業神、屋敷神でもあります。

【まじない法】

稲荷社の社殿前で、至心に呪文を唱えるのが効果的ですが、自宅の神棚に祀られていれば、それでも効果的です。祀られてなければ、幣束で祀ります。

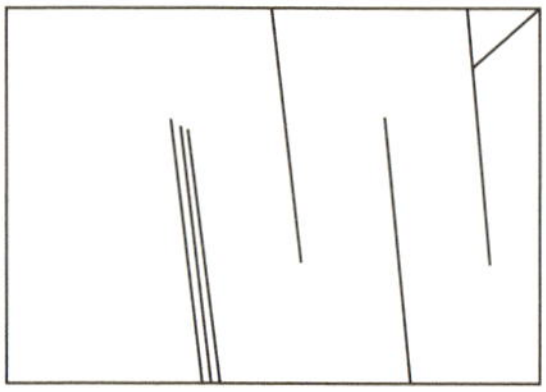

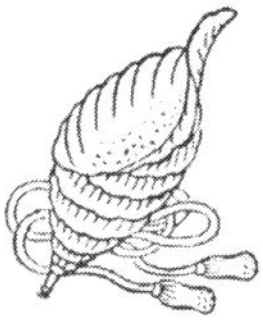

健やかに育って

なんといっても子を持つ親にすれば、子供が健やかに育ってくれることが一番。

帰命《きみょう》（南無《なむ》）子守大明神《こもりだいみょうじん》

オン　カカカ　ビサンマエイ

ソワカ

子守明神の真言。

子守明神は、真言からも分かる通り、本地は地蔵菩薩で、勝手明神の后といわれます。

その名の通り、子どもたちの守り神で、この真言を普段唱えていれば、子どもたちを災いから守り、すくすくと育つという除障慈育のはたらきがあるとされます。

【まじない法】

何度でも唱えます。

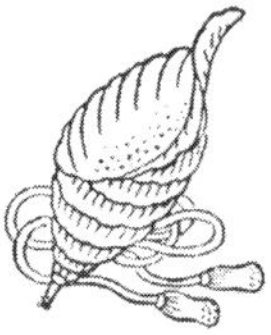

あれっ、どこに置いたっけ

修験道にも、家の中での失いものを探し出すまじないがあります。

光明真言といわれる呪文です。何か失くしたものを探す時、唱えながら探すと、出てくるという呪文です。

【まじない法】
①紙に左の符を書きます。
②真言を七遍唱えます。
※また別の真言として、不動明王の真言も挙げられています。

オン　アボキャ　ベイロシャノウ
マカボダラ　マニハンドマ
ジンバラ　バリタヤ　ウン

（不動明王の真言）
ノウマク　サンマンダ　バサロダ
センダマカロシャダ　ソハタラヤ
ウンタラタ　カンマン

あれっ、どこ行った

ついついどこにでも置いてしまうモノ。
メガネ、携帯電話、鍵、ときには財布まで。
どこに置いた？　いつの間にか物陰に落ちていたり…。

清水《きよみず》の　音羽《おとわ》の滝《たき》は　途絶《とだ》えども
失《う》せしものの　出《い》でぬはずなし

伝承和歌。
何か失くしたものを探す時、唱えながら探すと必ず出てくるという、古くからの呪文です。

【まじない法】
探しながら、「失せしもの」の「もの」を、捜し物の名前に置き換えて、唱えます。

祈念成就

何卒、願いを御聞き届け給え、
と祈れば、成就する。
ならば、まじなっておきましょう…。

オン　ダキニ　ウンタラヤ　ソワカ

祈願成就の真言。

【まじない法】
①左掌、五指を伸ばして口元に置き、掌に舌をつけ、食う仕草をします。
②願い事を述べて、真言を唱えます。また、祈願の他の呪文を唱えて続けると、さらに効果があるとされます。

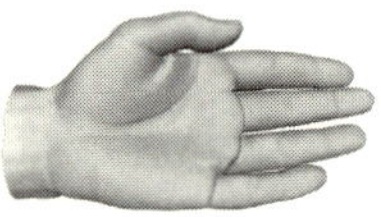

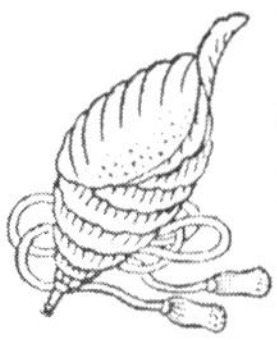

身《み》固《がため》

外に一歩出てみればどんな災難が降りかかるか分からない現代。前もって外出前に、身を固め、まじなっておきましょう。

オン　マカバゾロシュユニシャ　ウン
タラク　キリク　アク　ウン
若《にゃく》末《まっ》法《ぽう》世《せ》人《にん》　長《ちょう》誦《じゅ》此《し》真《しん》言《ごん》
刀《とう》杖《じょう》不《ふ》能《のう》害《がい》　水《すい》火《か》不《ふ》焚《ぼん》漂《ひょう》
（摩利支天真言）
オン　アニチヤ　マリシエイ
ボロン　ソワカ

大勝金剛、摩利支天の真言。

【まじない法】
①両手、内縛し（両手、右手を手前にして指を内側に屈し）、両中指を立て合わせ、上節を屈して剣形にします。
※丁寧に行う場合は、さらに摩利支天の真言を唱えながら四縦五横九字を切ります。
②外出前に呪文を唱えます。
③梵字を身につけておきます。

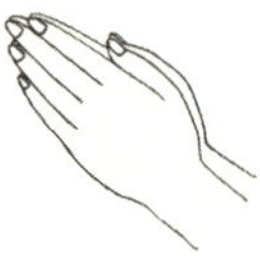

龍虎よ、私を守って

自分だけでは力不足。この際、龍虎に守ってもらいましょう。

龍《りゅう》虎《こ》差《さ》来《らい》欽《きん》天《てん》将《しょう》　飛《ひ》符《ふ》走《そう》印《いん》随《ずい》吾《ご》行《こう》
披《ひ》頭《とう》散《さん》髪《ぱつ》程《てい》罡《こう》起《き》　雷《らい》霆《てい》黒《こく》暗《あん》鬼《き》神《じん》驚《きょう》
黄《おう》金《ごん》鎖《さ》甲《こう》神《じん》通《づう》大《だい》　駆《く》邪《じゃ》殺《さっ》鬼《き》救《きゅう》万《ばん》民《みん》
三《さん》頭《とう》六《ろっ》臂《ぴ》真《しん》身《じん》現《げん》　拝《はい》請《せい》壇《だん》前《ぜん》欽《きん》天《てん》将《しょう》
掄《ろん》刀《とう》舞《ぶ》剣《けん》斬《ざん》妖《よう》精《せい》　斬《だん》斬《だん》勅《ちょく》勅《ちょく》婆《ば》婆《ば》訶《か》
弟《てい》子《し》一《いっ》心《しん》専《せん》拝《はい》請《せい》　龍《りゅう》虎《こ》二《に》将《しょう》速《そく》降《こう》臨《りん》
神《しん》兵《ぺい》火《か》急《きゅう》如《じょ》律《りつ》令《れい》

道教の呪文。龍虎を呼び出し、従えて護身とし、呪文を唱えて邪を破し除く呪文です。

【まじない法】

①左手は握り拳をなし、人差し指を伸ばして鍵型にします。
②右手は中指、小指を屈して掌につけ、親指で押さえます。
③右手を下に向けて、親指の部分を、左手の親指と人差し指の付け根に乗せます。

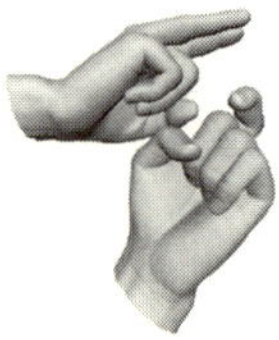

聡明な児に

我が子には、健やかに育ってほしい。とびっきりの
頭脳までは望まないけれど、聡明な子に…。

ノウマク　サッタナン　サンミャク
サンボダ　クチナン　タニヤタ
オン　シャレイ　シュレイ
ソンデイ　ソワカ

密教の真言で、准胝観音王の真言。准胝観音は、聡明、子授け、治病などの功徳があるとされています。普段からこの真言を唱えます。

【まじない法】

①印を組みます。右手を手前にして両手の指を内側に屈して組み、両人差指を立て合わせ、両親指は並び立てます。

②梵字を書いて身につけておきます。

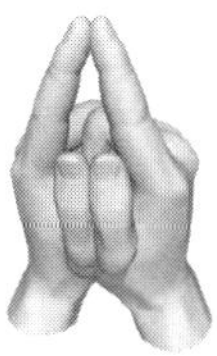

つらい
この気持ち…

このつらさ、誰がわかってくれるだろう。
いやわかってもらえなくてもいい。
ただつらさから脱したいのだ。

不空羂索観音の真言。
精神的につらい状況に陥った時、安定した状態に戻れるといわれます。

【まじない法】
つらい時に、何度でも真言を唱えます。

オン　ハンドマダラ
アボキャジャヤニ
ソロ　ソロ　ソワカ

変な夢、吉か凶か

変な夢を見たなあ。
吉か凶か。
吉夢ならよいのだけど。

嫌な夢を見た時に、唱えれば、凶変じて吉となるという呪文です。

【まじない法】
朝起きた時、顔を洗って東を向き、金剛合掌して呪文を唱えます。

福《ふく》徳《とく》増《ぞう》長《ちょう》須《しゅ》弥《み》功《く》徳《どく》神《じん》反《はん》如《にょ》来《らい》急《きゅう》急《きゅう》如《にょ》律《りつ》令《れい》

気がかりな夢、吉か凶か

つじつまも合わず、脈絡もなく、不思議な夢。何かの暗示なのかなぁ。ともかく、まじなっておこう。

悪《あく》夢《む》着《ちゃく》草《そう》木《もく》（悪《あし》き夢《ゆめ》、草木《そうもく》に着《つ》かん）
好《こう》夢《む》成《じょう》珠《しゅ》玉《ぎょく》（好《よ》き夢《ゆめ》、珠玉《しゅぎょく》と成《な》らん）

または

赫《せき》々《せき》陽《よう》々《よう》　日《にっ》出《しゅつ》東《とう》方《ほう》
断《だん》絶《ぜつ》悪《あく》夢《む》　辟《へき》除《じょ》不《ふ》祥《しょう》
急《きゅう》々《きゅう》如《にょ》律《りつ》令《れい》

変な夢、嫌な夢を見た時に、唱えれば、凶変じて吉となるという、夢見のときの作法と呪文です。

【まじない法】
夢から覚めた時、他人に話すことなく手を洗い顔を洗って口を漱ぎ、東を向き、合掌して呪文を七遍、唱えます。
※不思議な夢を見た時、すぐに他人に話すのは良くない事とされ、まずまじなってから語るなら語れ、とされています。

日々安寧

大運、大幸、大吉でなくていい。
平凡でもいい。
ただ日々安穏でありますように。

高天原《たかあまはら》に神留座《かみづまりましま》す　皇親《すめむつ》神漏《かみろ》岐《ぎ》神呂《かみろ》美《み》之《の》命《みこと》以《もち》て　神棚《かみあかり》に五色《いついろ》の幣帛《みてくら》を奉《たてま》倶《つ》り　五《い》臓《おさ》の神《かみ》五《い》方《くも》の神《かみ》五《いつ》行《ら》の神《かみ》を奉《おきまつ》りて　神祓《かみはら》いに祓《はら》い給《たま》えば　天神《あまつかみ》地祇《くにつかみ》八《や》十《そ》百神等《よろずかみたち》　下《しも》三《み》千《ち》一《い》百《おお》余《す》神鎮《かみしずめ》守氏神《まもるうじがみ》速《すみや》かに納受《きこしめし》て　平《たいら》げく安《やすら》げく皇《すめ》神降臨奉《かみあまくだりまつ》る　如此《かく》平産給《あまくだりたまい》て罪咎崇禍《つみとがたたりわざわい》穢《けがれ》は　不在者《あらじもの》をと母《はは》与《と》子《こ》と長寿《ながことぶき》に守給《まもりたもう》事《こと》の由《よし》を八百萬神等諸共《やおよろずのかみたちもろとも》に聞食《きこしめせ》と申《もお》す

産土神の呪文。
産土神、氏神様に対して、日々の感謝を申し上げ、その守護を願う祝詞です。

【まじない法】
①毎朝、唱えます。
②また、安産の神様でもありますので、出産が近いと、日々、事あるごとに何度でも唱えます。

寝坊はしたくない

明日は大事な日。絶対遅刻はできない。モーニングコール、目覚まし時計、さらにまじないも。

うちとけて　もしもまどろむ
事《こと》あらば　ひきおどろかせ
我《わが》まくら神《かみ》

決めた時間にきちっと起きられるという呪文です。

【まじない法】
①寝る前に、男性は左掌に、女性は右掌に、「大」の字を三度書きます。
②それを舌で舐めます。
③次いで呪文を三度唱えます。
④起きる時間を念じながら寝ます。

福徳①

願わくば、自らの善行と
それによる功徳を得んことを。

茶枳尼天神の真言。

【まじない法】
①印を組みます。
②気の済むまで真言を唱えます。

ナモ　サンマンダ　ボタナン
キリク　ソワカ

福徳②

薄幸というわけではないけれど、
多くは望まない、
人並みの福はいつまでも。

吉祥天の真言。

帰命《きみょう》　吉祥天《きちじょうてん》　悉地成就《しっちじょうじゅ》
オン　マリシリエイ　ソワカ
アラキシツミノウシャヤ

【まじない法】
①印を組みます。
②気の済むまで真言を唱えます。

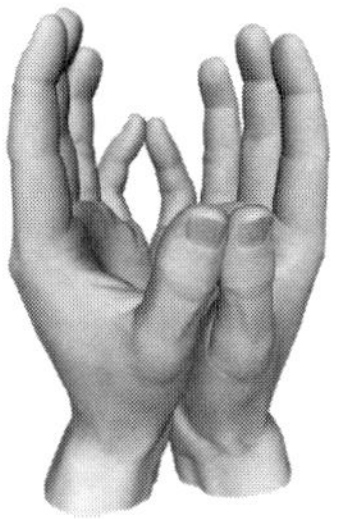

タマや〜どこだ〜い

ペットといえども家族の一員。いなくなれば必死に探します。どこ行ったぁ。帰っておいでぇ。

まつとし聞《き》かば　今《いま》かへり来《こ》む

古くから、いなくなったペットが帰ってくるようにと唱えられた呪文。ことに猫には効果があるといいます。

【まじない法】
呪文を唱えながら、この呪文を紙に書いて入り口に貼っておきます。
またペットの食器に貼っておいても良いとされます。

不審者の侵入を防ぐ

何か物音がする。何かなあ。
あれ～、泥棒…？　では遅すぎます。
普段から泥棒除け、不審者の侵入を防ぐ呪文を。

不審者の侵入を防ぐという呪文で、泥棒除けとしても用いられます。

【まじない法】

額に左の梵字を書き、最後の点を人差し指で押さえて真言を唱えます。

※本来は験者が信者に書くものですが、親御さんがお子さんに、とご家族同士で。

ローロー　ナウナウ　シュロカー
カサシャー　ソワカ

酒の席

酔って、ついつい失言、粗相。
無礼講といっても許されないことも。
前もってまじなっておきましょう。

オン　キリカク　ソワカ

荼枳尼天の真言。
ついつい緩みがちな酒の席での失敗を防ぐとされます。

【まじない法】
①真言を七回以上唱えます。
②梵字を紙に書いて、身につけておきます。

酒飲みの守護神

お酒の飲み過ぎ、深酒。
百薬の長とはいえ、過ぎると体には悪い。

ノウマク　サマンダボダナン　ロ
キャロキャ　キャラヤ　サラバデイ
バ　ノウギャ　ヤキシャ　ケンダツ
バ　アシュラ　カルラ　キンナラ
マゴラギャジ　カリダヤニ　キャラ
シャヤ　ビシッタラギャチ　ソワカ

常に三毒に酔っているという常酔天の真言で、八部衆など神々、女神の名が挙げられます。

【まじない法】

①右手を手前にして両手、五指の先を交差させて合掌します。
②真言を七回以上唱えます。
③梵字を紙に書いて、身につけておきます。

失恋の傷

思う相手と結ばれず、自分ではどうにもならない苦しく寂しいこの気持ち。なんとか癒されたい。

地蔵菩薩の真言。

オン　カカカ
ビサンマエイ　ソワカ

【まじない法】
①真言を七回以上唱えます。
②梵字を紙に書いて、身につけておきます。

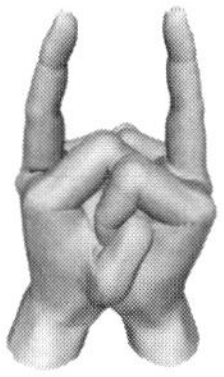

いつまでも若々しく

歳をとれば老化はあたりまえ、
でもいつまでも若々しくいたい。

オン　バサラ　サンネイネイ
キリキヤレイ　ソワカ
オン　ボロン　ウン　ウン

熊野権現の真言。

【まじない法】
①真言を七回以上唱えます。
②梵字を紙に書いて、身につけておきます。
※また「オン　バサラ　サンネイ　サンネイ　キレイ　キャレイ　ソワカ」とも。

食中毒から身を守る

暑い時期、食中毒には要注意。気になったら、まじなっておきましょう。

迦楼羅天の真言。

【まじない法】頂く（口にする）前に唱えます。

オン　ギャロダヤ　ソワカ

習い事の上達

せっかく始めた習い事。早く上達したい。自分の努力もありますが、ここはひとつ伎芸天にお願い。

ノウボウ　マケイジンバラヤ
ウキマボウ　シキャヤ　ソワカ

伎芸天の真言。

【まじない法】
①常日頃から唱えておきます。
②習い事の前には七回以上唱えます。

歌が上手くなりたい

歌はうたう人、聞く人の心を癒します。
でも調子っぱずれ、音程はずれでは、はた迷惑。
まずは発声から勉強しなきゃね。

歌天の真言。

ノウボウ　サマンダ　ボダナン
カサナン　ピカサナン
キンナラダン　ソワカ

【まじない法】
①常日頃から蓮華合掌（合掌して掌中をやや膨らませる）して、唱えておきます。
②習い事の前には、蓮華合掌して七回以上唱えます。
③左の梵字を紙に書いて、身につけておきます。

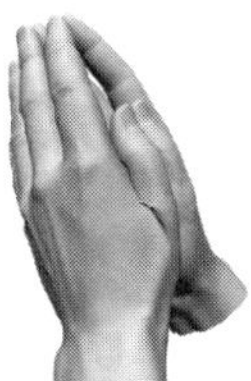

楽器が上手くなりたい

癒しのメロディ、心地良いリズム。あ〜、楽器が上手くなりたいなあ。

楽天の真言。

【まじない法】

①常日頃から蓮華合掌（合掌して掌中をやや膨らませる）、唱えておきます。

②練習の前には、蓮華合掌して七回以上唱えます。

③左の梵字を紙に書いて、身につけておきます。

ノウマク　サマンダ　ボダナン

ビシッタ　ソバラバケイ　ソワカ

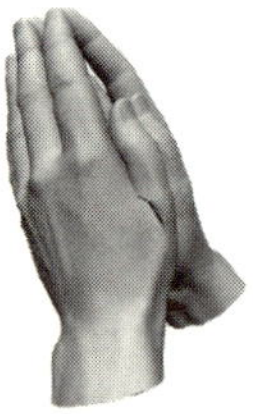

安産

かわいい子かな。
いやいや、まずは母子ともども無事出産を。

ノウマク　サラバタタギャテイビャ
ク　サラバ　ボッケイビャク　サラ
バタタラタ　センダマカロシャダケ
ン　ギャキギャキ　サラバビキンナ
ン　ウンタラタ　カンマン　ラン
天魔《てんま》外道《げどう》皆仏性《かいぶっしょう》　四魔《しま》三障《さんしょう》成道来《じょうどうらい》
魔界《まかい》仏界《ぶっかい》同如利《どうじょり》　一相《いっそう》平等《びょうどう》無差別《むしゃべち》

不動隠形の法で、不動火界呪と呼ばれる真言と魔界偈と呼ばれる誦文。

【まじない法】
①合掌し、両中指を折り曲げて背を付け合わせ、両人差し指で中指の甲の上を押し、両親指は並び立てて人差し指の側を押します。
②真言、誦文を唱えます。

豊穣

お稲荷さんへお願いしよう。

古神道などで唱えられる『稲荷心経』といわれる経。

【まじない法】

合掌し、心経を唱えます。

本体眞如住空理《ほんたいしんにょじゅうくうり》　寂静安楽無為者《じゃくじょうあんらくむいしゃ》　鏡智慈《きょうちじ》
悲利生故《ひりしょうこ》　運動去来名荒神《うんどうこらいみょうこうじん》　今此三界《こんしさんがい》　皆《かい》
是我有《ぜがう》　其中衆生《ごちゅうしゅじょう》　悉是吾子《しつぜごし》　是法住法位《ぜほうじゅうほうい》
世間相常住《せけんそうじょうじゅう》　貪瞋癡之《とんじんちし》　三毒煩悩《さんどくぼんのう》　皆得解《かいとくげ》
脱《だつ》　即得解脱《そくとくげだつ》　掲諦掲諦《ぎゃていぎゃてい》　波羅掲諦《はらぎゃてい》　波羅僧《はらそう》
掲帝《ぎゃてい》　菩提薩婆訶《ぼじそわか》　多呪即説呪曰《たしゅそくせつしゅわつ》
オン　キリカク　ソワカ　オン　キリカク
ソワカ　オン　キリカク　ソワカ

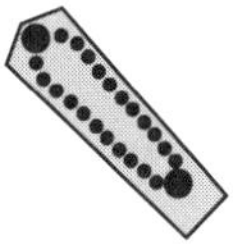

見目麗しく

観音様へお願いしましょう。

法華経の誦文。

【まじない法】
合掌し、唱えます。

南《な》無《む》観《かん》世《ぜ》音《おん》菩《ぼ》薩《さつ》
宿《しゅく》植《じき》徳《とく》本《ほん》　衆《しゅ》人《にん》愛《あい》敬《きょう》

食欲不振

元気がないね？　何、食欲不振？
その不振はまさに命取り。
食は命を継ぐものです。

不食の祈り。
病などでの食欲不振の際に唱えれば、食欲も増すという呪文です。

【まじない法】
合掌し、呪文を唱えます。

オン　アミリトウ　ドハンバ
ウン　ハッタ

金運開運

貧困・困窮に喘ぐというわけではないけれど、財運にはあやかりたい。

金運・財運の天部・大黒天の誦文。

【まじない法】

①毎朝唱えます。

②三回、または七回、丁寧に行うなら二十一回唱えます。

※できれば大黒天像、また大黒大幣束を用意。

南《な》無《む》開運《かいうん》福寿《ふくじゅ》大黒《だいこく》尊天《そんてん》

寿福《じゅふく》増進《ぞうしん》安穏《あんのん》楽《らく》

除病《じょびょう》延命《えんめい》息災《そくさい》我《が》

福《ふく》我《が》円満《えんまん》重《じゅう》果報《かほう》

衆人《しゅにん》愛敬《あいきょう》従《じゅう》恭敬《くぎょう》

入来《にゅうらい》衆人《しゅにん》得《とく》七宝《しっぽう》

オン　マカキャラヤ　ソワカ

交通安全

免許取り立て、初心者マーク、
いやいやベテランでも。

車での事故に遭わないための呪文。

【まじない法】
車に乗る前に唱えます。

妙《みょう》法《ほう》好《こう》車《しゃ》　自《じ》在《ざい》無《む》碍《げ》　離《り》諸《しょ》苦《く》難《なん》
如《にょ》風《ふう》於《お》空《くう》中《ちゅう》　一《いっ》切《さい》無《む》障《しょう》碍《げ》

今日も一日
幸いに

はじめよければ終わりよし、
朝良ければ一日よし。
朝日に祈って今日も幸せに。

天地《あめつち》は　日神唯《ひのかみひと》り　照《て》りませば
人《ひと》の心《こころ》も　日神《ひのかみ》の神《かみ》

陽気招来を願い、陰鬱を晴れやかにという呪文で、日の出とともに印を結んで唱えます。

①両手を仰げます。
②両親指・両人差し指の先を合わせて円形を作ります。
③他の三指は指先を交差させます。このとき人差し指の脇は、中指の脇につけます。
④胸前に置き呪を唱えます。

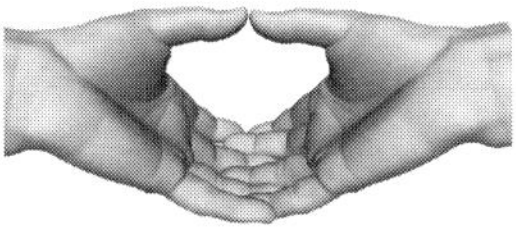

浄化法
―穢れを焼き尽くす

場を清め、自身を清め、
大日如来の真言で浄めが完成。

①オン　クロダナウ　ウン　ジャク

②オン　ソハハンバ　シュダサラバタラマ　ソハハンバシュドカン

③アビラウンケン

烏枢沙摩明王は不浄を浄化する明王です。便所を不浄というところから、トイレの神様として祀られることもありますが、もともとは炎の神であり、火をもって穢れを焼き尽くし、不浄を浄化するとされます。

【まじない法】
①解穢の印―烏枢沙摩明王印と真言：内縛（右手が手前になるようにして内に折り曲げて組む）し、両中指を立て合わせ、両人差指を立てる。右親指は右薬指

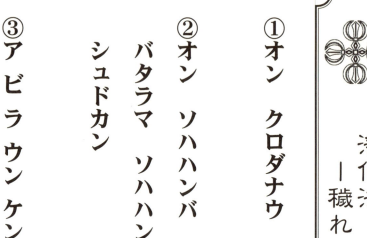

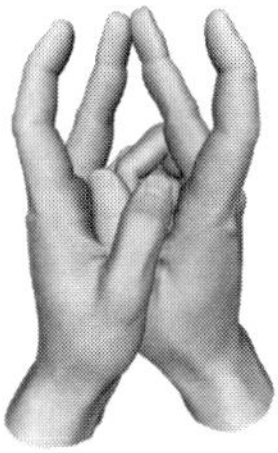

の先に、左親指は左薬指の先に付ける。

②浄三業—蓮華合掌と真言：合掌して掌中を虚ろにし、中指の先を離す。

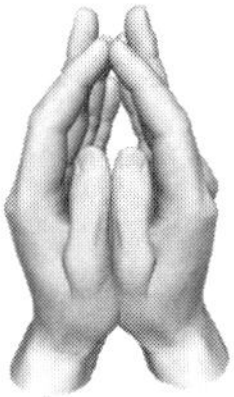

③智拳印と真言：両手を握り、左の人差指を伸ばして、右手で握る。

六根《ろっこん》祈念

常に心身ともに
清浄でいたい。

【眼根祈念】

説是法華経《せつぜほけきょう》　汝聴其功徳《にょちょうごくどく》　是人得八百《ぜにんとくはっぴゃく》　功徳殊勝《くどくしゅしょう》
眼《げん》　以是荘厳故《いぜしょうごんこ》　其目甚清浄《ごもくじんしょうじょう》　父母所生眼《ぶもしょしょうげん》　悉見《しっけん》
三千界《さんぜんかい》

【眼根祈念】

妙法蓮華経《みょうほうれんげきょう》　眼根清浄《げんこんしょうじょう》　諸仏因是《しょぶついんぜ》　得具五眼《とくぐごげん》　開仏《かいぶつ》
智見《ちけん》　使得清浄《しとくしょうじょう》　父母所生眼《ぶもしょしょうげん》　悉見三千界《しっけんさんぜんかい》　以是荘厳故《いぜしょうごんこ》
其目甚清浄《ごもくじんしょうじょう》　慈眼視衆生《じげんじしゅじょう》　福聚海無量《ふくじゅかいむりょう》

【耳根祈念】

父母所生耳《ぶもしょしょうに》　清浄無濁穢《しょうじょうむじょくえ》　以此常耳聞《いしじょうにもん》　三千世界声《さんぜんせかいじょう》

法華経の誦文。

六根とは眼・耳・鼻・舌（口）・身・意（心）をいいます。法華経には六根清浄の文として「若持法華経　不染世間法　如蓮華在水　得聞此経　六根清浄」との文がありますが、この文は六根の清浄、心身の壮健、ひいては六根それぞれの不調の際、また病の平癒にも唱えると良い文です。

【鼻根祈念】
成就《じょうじゅ》八百《はっぴゃく》鼻《び》功徳《くどく》　是人《ぜにん》鼻《び》清浄《しょうじょう》　於此《おし》世界中《せかいちゅう》　若香若《にゃくこうにゃく》
臭物《しゅうもつ》　種々《しゅじゅ》悉聞知《しつもんち》。

【舌根祈念】
是人《ぜにん》舌《ぜつ》清浄《しょうじょう》　終不受悪味《しゅふじゅあくみ》　其有所食噉《ごうしょじきだん》　悉皆成甘露《しっかいじょうかんろ》

【身根祈念】
若持《にゃくじ》法華経《ほけきょう》　其身《ごしん》甚《じん》清浄《しょうじょう》　如彼《にょひ》浄瑠璃《じょうるり》　衆生界《しゅじょうかい》喜見《きけん》
又如《うにょ》浄明鏡《じょうみょうきょう》　悉見《しっけん》諸色像《しょしきぞう》

【意根祈念】
是人《ぜにん》意《い》清浄《しょうじょう》　明利《みょうり》無穢濁《むえじょく》　以此《いし》妙意根《みょういこん》　知《ち》上中下法《じょうちゅうげほう》

【惣身祈念】
今此《こんし》三界《さんがい》　皆是我有《かいぜがう》　其中《ごちゅう》衆生《しゅじょう》　悉是吾子《しつぜごし》　而今此《にこんし》
処《しょ》　多諸患難《たしょげんなん》　唯我一人《ゆいがいちにん》　能為救護《のういくご》　苦道《くどう》即《そく》法身《ほうしん》
煩悩《ぼんのう》即《そく》般若《はんにゃ》　結業《けつごう》即《そく》解脱《げだつ》　三千《さんぜん》具足《ぐそく》　妙色《みょうしき》妙心《みょうしん》　得《とく》
聞此経《もんしきょう》　六根《ろっこん》清浄《しょうじょう》　神通力故《じんづうりきこ》　増益《ぞうやく》寿命《じゅみょう》

【まじない法】
毎朝唱えます。また事あるごとに唱えます。
気になる部分、あるいは末尾の惣身祈念の文だけでも良いとされます。
唱える前に、手刀で次の鬼字を掌に書き、さらに四縦五横を書いておきます。

六根清浄大祓《ろっこんしょうじょうおおはらえ》

不浄におかされず、
いつも心身とも清浄で。

神道での心身の清めの誦文。清浄な神の世界と違い、不浄に満ちた私たちの世界。唱えていれば、不浄に染まらず、清浄でいられるという祝詞です。

【まじない法】
毎朝、神前で唱えます。

天照《あまてら》し坐《ま》す皇大神《すめおおかみ》の宣《のたま》はく人《ひと》は即《すなわ》ち天下《あめがした》の
神物《みたまもの》なり須《すべから》く静《しず》め謐《しずま》ることを掌《つかさど》るべし心《こころ》は
即《すなわ》ち神明《かみとかみ》との本主《もとのあるじ》たり心神《わがたましひ》を傷《いたま》しむる莫《なか》
れ是故《このゆえ》に目《め》に諸諸《もろもろ》の不浄《ふじょう》を見《み》て心《こころ》に諸諸《もろもろ》
の不浄《ふじょう》を見《み》ず耳《みみ》に諸諸《もろもろ》の不浄《ふじょう》を聞《き》いて心《こころ》
に諸諸《もろもろ》の不浄《ふじょう》を聞《き》かず鼻《はな》に諸諸《もろもろ》の不浄《ふじょう》を
嗅《か》いで心《こころ》に諸諸《もろもろ》の不浄《ふじょう》を嗅《か》がず口《くち》に諸諸《もろもろ》
の不浄《ふじょう》を言《い》ひて心《こころ》に諸諸《もろもろ》の不浄《ふじょう》を言《い》はず
身《み》に諸諸《もろもろ》の不浄《ふじょう》を触《ふ》れ心《こころ》に諸諸《もろもろ》の不浄《ふじょう》

を触《ふ》れず意《こころ》に諸諸《もろもろ》の不浄《ふじょう》を思《おも》ひて心《こころ》に諸諸《もろもろ》の不浄《ふじょう》を想《おも》はず是《こ》の時《とき》に清《きよ》く潔《いさぎ》よき偈《こと》あり諸諸《もろもろ》の法《のり》は影《かげ》と像《かたち》の如《ごと》く清《きよ》く浄《きよ》ければ仮《かり》にも穢《けが》るることなし説《こと》を取《と》らば得《う》べからず皆因《みなはなより》して業《このみ》とは生《な》る我《わ》が身《み》は即《すなわ》ち六根清浄《ろっこんしょうじょう》なり六根清浄《ろっこんしょうじょう》なるが故《ゆえ》に五臓《ごぞう》の神君安寧《しんくんあんねい》なり五臓《ごぞう》の神君安寧《しんくんあんねい》なるが故《ゆえ》に天地《あめつち》の神《かみ》と同根《どうこん》なり天地《あめつち》の神《かみ》と同根《どうこん》なるが故《ゆえ》に万物《ばんぶつ》の霊《れい》と同根《どうこん》なり万物《ばんぶつ》の霊《れい》と同根《どうこん》なるが故《ゆえ》に為《な》す所願《ところねがい》として成就《じょうじゅ》せずと云《い》ふことなし無上《むじょう》の霊宝神道加持《れいほうしんとうかじ》

密教護身法

いつ何時、何が起こるかわからない。

密教行者が魔から身を守るため、行の最初に必ず唱えるまじないです。

【まじない法】

浄三業から被甲護身まで順に、手に印を結び口に真言、意に護念を願って、毎朝唱えれば、様々な煩悩や悪事災難から身を守ってくれます。

【浄三業】

オン　ソワハンバ　シュダサラバ
タラマ　ソワハンバ　シュド　カン

【仏部三昧耶】

オン　タタギャト
ドハンバヤ　ソワカ

浄三業

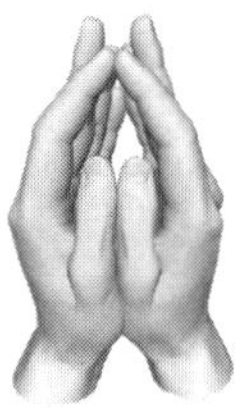

【蓮華部三昧耶】
オン　ハンドボ
ドハンバヤ　ソワカ

【金剛部三昧耶】
オン　バゾロ
ドハンバヤ　ソワカ

【被甲護身】
オン　バザラ　ギニ
ハラチ　ハタヤ　ソワカ

仏部
三昧耶

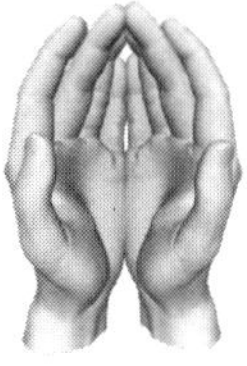

蓮華部
三昧耶

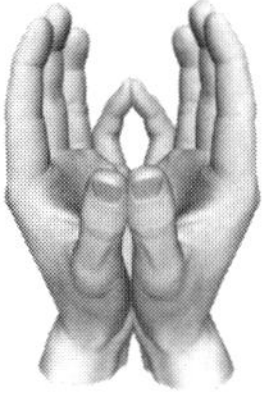

金剛部
三昧耶

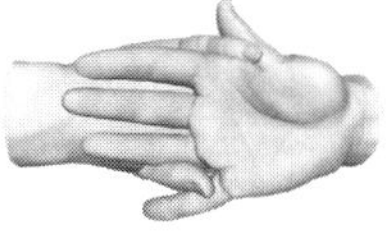

被甲護身

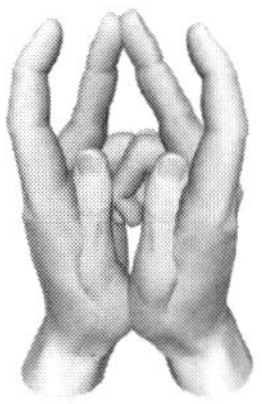

神道九字護身法

無念無想にして
神のご加護を願いましょう。

天《てん》地《ち》元《げん》妙《みょう》行《こう》
神《じん》変《ぺん》通《つう》力《りき》
神代《かみしろ》　日神《ひのかみ》　素盞鳴尊《すさのおのみこと》　剣玉盟誓《けんぎょくめいせい》の
時《とき》　剣《つるぎ》を真名井《まない》に振濯《ふりそそぎ》　さかみにか
みて吹棄《ふきすて》　気吹《いぶき》の狭霧《きり》に　神霊《しんれい》の現《あらわ》
れ玉《たま》ふの道理《どうり》　事相《じそう》を思《おも》い奉《たてまつ》るべし

古神道独特の九字法。九字は神道系でも用います。他の四縦五横とは異なりがあり、切る刀印と順序、唱える文に違いがあります。

【まじない法】

①刀印（右手は刀、左手は鞘）を結びます。

②この時、右手の刀印をいったん腰に置いた左手の鞘に収めます。

③刀印を抜き、右腰に縦にして構えます。

④「天《てん》・地《ち》・元《げん》・妙《みょう》・行《こう》・神《じん》・

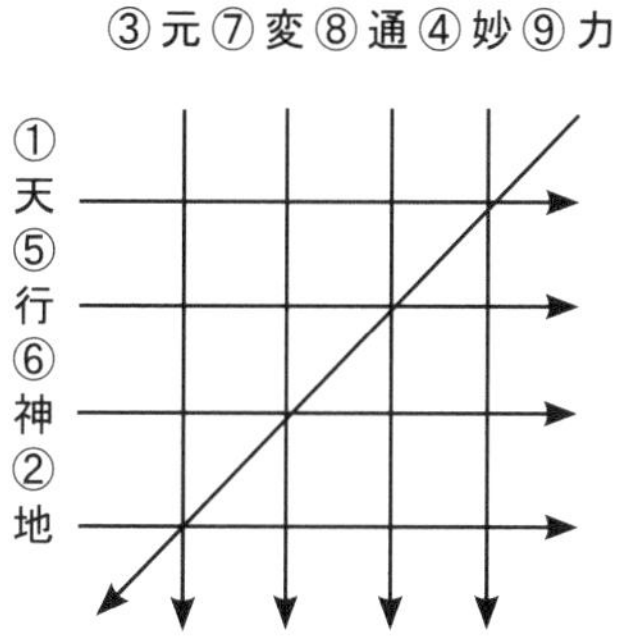

変《ぺん》・通《つう》・力《りき》」と唱えながら切っていきます。

⑤切り終わると刀印を鞘に収め、息をフッ、フッと二度吹きかけます。

⑥そして一拍します。

※心に雑念や迷いをなくして、祈念の心を強く持つことが肝要です。

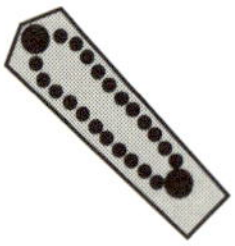

法華五段加持法

何だか体調が変。
恨みでもかったかなぁ？
と思ったらまじなったおきましょう。

様々な悪霊から身を守る法華経の誦文。

【まじない法】

毎朝唱えます。

すでに体調が悪い時、その原因に生霊や死霊、野狐、病魔、呪詛の場合があります。心当たりがあればその段を、不明であれば全段を通して連唱します。

【生霊段《いきりょうだん》】

梵天王魔王《ぼんてんのうまおう》　自在大自在《じざいだいじざい》

護世四天王《ごぜしてんのう》　及大自在《ぎゅうだいじざい》

【死霊段《しりょうだん》】

毎自作是念《まいじさぜねん》　以何令衆生《いがりょうしゅじょう》

得入無上道《とくにゅうむじょうどう》　速成就仏身《そくじょうじゅぶっしん》

【野狐段《やこだん》】

荒野険隘処《こうやけんないしょ》　獅子象虎狼《ししぞうころう》
野牛水牛等《やごすいごとう》

【疫神段《やくじんだん》】

若一日《にゃくいちにち》若二日《にゃくににち》若三日《にゃくさんにち》若四日《にゃくしにち》乃至《ないし》七日《しちにち》
若常熱病《にゃくじょうねつびょう》　若男形《にゃくなんぎょう》　若女形《にゃくにょぎょう》　若童《にゃくどう》
男童女形《なんどうにょぎょう》　乃至夢中《ないしむちゅう》　亦復莫悩《やくぶまくのう》

【呪詛段《じゅそだん》】

呪詛諸毒薬《じゅそしょどくやく》　所欲害身者《しょよくがいしんじゃ》　念彼観音《ねんぴかんのん》
力《りき》　還着於本人《げんじゃくおほんにん》　衆怨悉退散《しゅおんしったいさん》

法華五番神呪

仏所護念。
法華経の諸尊、ご守護あれ。

法華経陀羅尼品に説く神呪で、鬼神であれ夜叉であれ、羅刹であれ、襲撃の機会を狙う輩が、その機会を得ないようにする陀羅尼です。

薬王菩薩が魔を避ける呪文を説くと、続いて勇施菩薩、毘沙門天、持国天、十羅刹女が次々と呪を説いたもので、五番神呪と呼ばれています。

唱えていれば生霊にしろ死霊にしろ、様々な魔がつけいることができないため、魔に悩まされることはないという呪文です。

【薬王菩薩神呪】

アニ　マニ　マネ　ママネ　シレイ　シャリテイ
シャミャ　シャビ　タイ　セン　テイ　モクテイ
モクタビ　シャビ　アイシャビ　ソウビ　シャビ
シャエイ　アシャエイ　アギニ　センテイ　シャ
ビ　ダラニ　アロキャバシャ　ハシャビシャニ
ネビテイ　アベンタ　ラネイビテイ　アタンダハ
レイシュダイ　ウクレイ　ムクレイ　アラレイ
ハラレイ　シュギャシ　アサンマサンビ　ボッダ
ビキリジッテイ　ダルマハリシ　テイ　ソウギャ
ネクシャネイ　バシャバシャシュダイ　マンタラ
マンタラ　シャヤタ　ウロタ　ウロタ　キョウ

シャリヤ　アシャラ　アシャヤタヤ　アバロ　アマニャ　ナタヤ

【勇施菩薩神呪】

ザレイ　マカザレイ　ウキ　モキ　アレイ　アラハテイ　ネレイテイ　ネレイタハテイ　イチニイチニ　シチニ　ネレチニ　ネリチハチ

【毘沙門天神呪】

アリ　ナリ　トナリ　アナロ　ナビ　クナビ

【持国天神呪】

アキャネイ　キャネイ　クリ　ケンダリ　センダリ　マトウギ　ジョウグリ　ブロシャニ　アッチ

【十羅刹女神呪】

イデビ　イデビン　イデビ　アデビ　イデビ　デビ　デビ　デビ　デビ　デビ　ロケ　ロケ　ロケロケ　タケ　タケ　タケ　トケ　トケ

【まじない法】

　法華行者（修法師）はすべて通して誦していますが、各尊の呪文をそれぞれ個別に誦しても構いません。唱える前に次の鬼字を掌に書いて、手刀で四縦五横を書いておきます。

※江戸時代からよく唱えられたのは毘沙門天の呪で、正式に習ったわけではなく耳で聞いて覚えた庶民が毘沙門天呪を「孔《あな》ノ間《あい》タ小鍋《こなべ》」と唱えて十分効験があったと伝えています。また宮沢賢治も毘沙門天の祭礼を扱った作品「祭日」で、毘沙門天の呪を詠み込んでいます。

十二支一代守護

十二支それぞれの生まれの守護神と真言。
ご守護あれ、と毎朝唱えます。

子 千手観音	丑・寅 虚空蔵菩薩	卯 文殊菩薩
		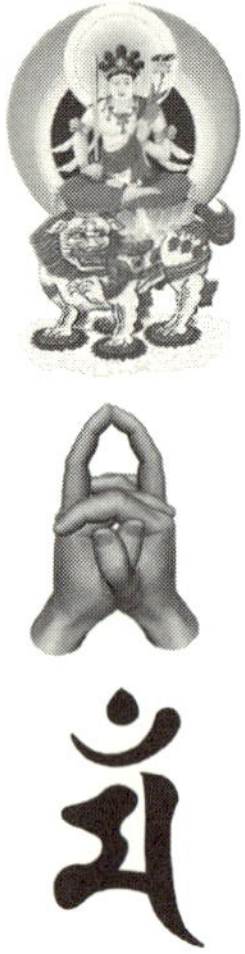
オン　バザラ　ダラマ キリク　ソワカ	オン　バザラ　アラタンノウ オン　タラク　ソワカ	オン　アラハシャ　ノウ

戌・亥 阿弥陀如来	酉 不動明王	未・申 大日如来	午 勢至菩薩	辰・巳 普賢菩薩

オン　アミリタ　テイゼイ　カラ　ウン	ノウマク　サンマンダ　バサラ　ダン　カン	オン　バサラ　ダトバン	オン　サン　ザン　ザン　サク　ソワカ	オン　サンマヤ　サトバン

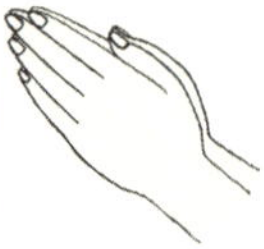

九星守真言

今日の行き先、相性の悪い方位だなぁ。
ならばまじなっておこう。

九星・本命星それぞれの生まれの呪文です。

【まじない法】
毎朝唱えます。
ことに日や方位の悪い時には唱えておきます。

【一白星】
オン　バラダヤー　ソワカ

【二黒星】
オン　ヒリチビエイ　ソワカ

【三碧星】
オン　インダラヤー　ソワカ

【四緑星】
オン　アギャナエイ　ソワカ

【五黄星】
オン　アビラウンケン　ソワカ
【六白星】
オン　バヤベイ　ソワカ
【七赤星】
オン　バサダカンダー　ソワカ
【八白星】
オン　イシャナヤー　ソワカ
【九紫星】
オン　エンマヤー　ソワカ

資料編

神仏を迎える

人形（ひとがた）

藁人形では気が重い。
手軽な紙人形で人間関係の悩みを解消。
そして病気平癒にも。

まじないで人形といえば、藁人形がその代表でしょう。古くから用いられてきましたが、作製法や使用法にはむずかしいところが多く、一般的には重すぎますので、本書では紙での人形（ひとがた）を紹介しておきます。

人形は、病気祈願、恋愛成就、離縁・縁切り、懲罰（憎い相手を懲らしめる）などに用いられます。離縁・縁切りには、二枚用意し、同じ位置に両者の名前を書き、背中合わせにして願いを祈ります。

懲罰には、懲らしめたい相手の名前を書き、特殊な棒（硬い木）でなんども突きます。

また硬いものの上に置き何度もカナヅチで叩く、針で突く・刺す、釘を打ち込む、踏みつける、あるいはまじないの呪文を書く。最後はずたずたに切り裂いて焼く、川に流す、水中に沈める、埋める（四ツ辻、お宮、墓）などの方法もありますが、あまりお勧めできません（ちなみに、相手を撮した写真でも効果的といわれます）。

また贖物《あがもの》、撫物《なでもの》といわれ、自分の身についた穢れを祓うためにも用います。自分の身体を人形で撫でて穢れを移し、川や海に流す、また燃やすなどします。同じように病気祈願でも、撫でて同様に用います。
※人形は左図を書き写すか、コピーして切り抜いてお使いください。

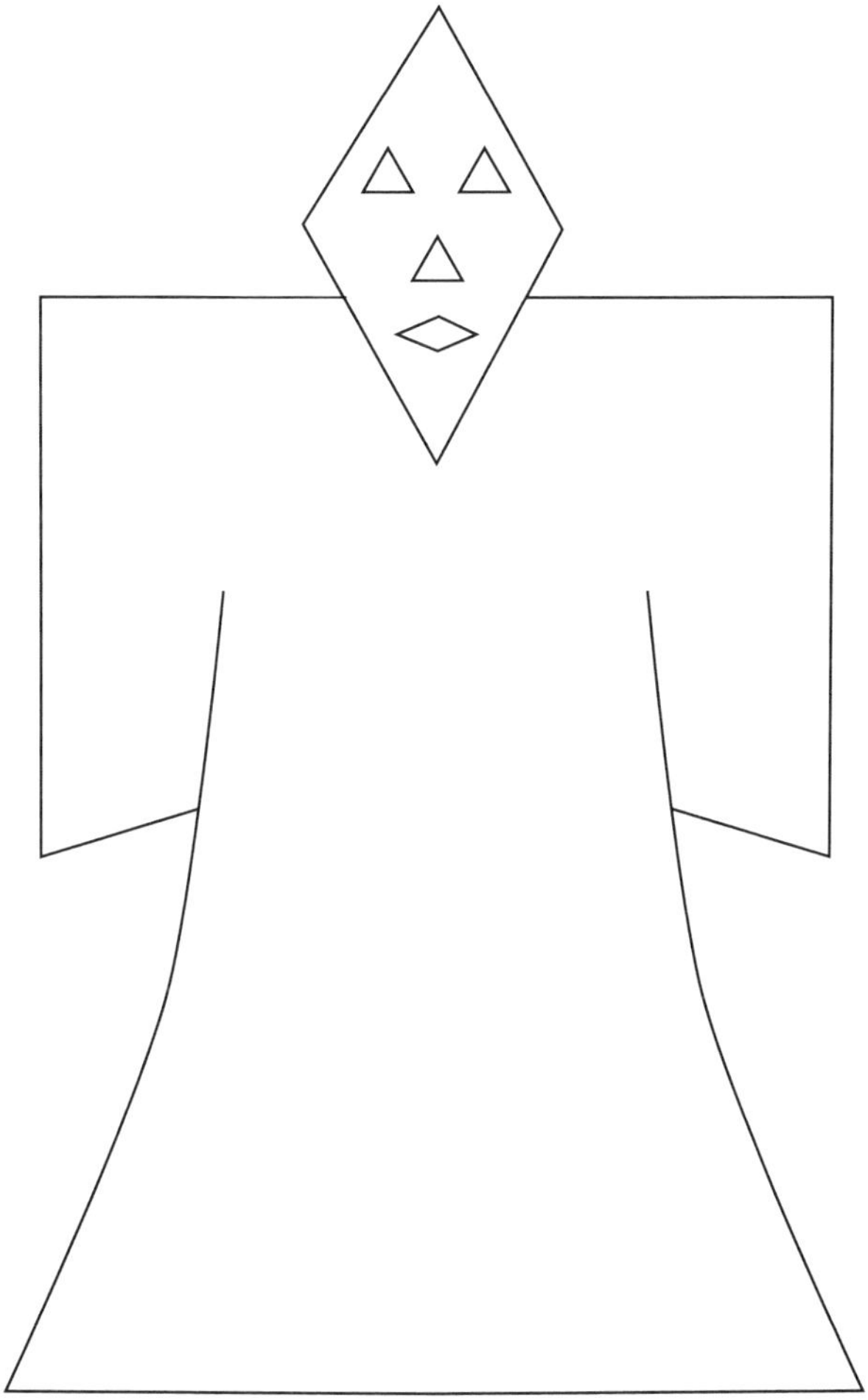

まじない道具ー魔を除く

祓い幣

祓いの呪文だけでなく、
左、右、左と振って
心身ともに祓い清めましょう。

①用紙（A5）を横向きに置き、右から左へ二つ折りします。

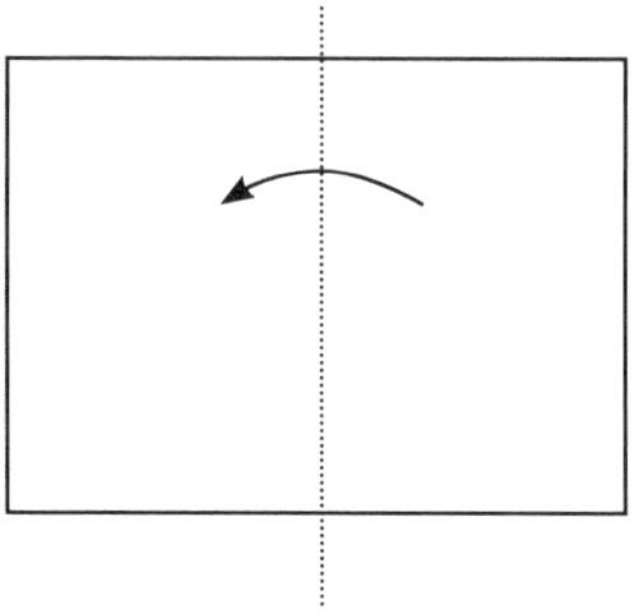

②コピーした左図を上から重ねて置きます。

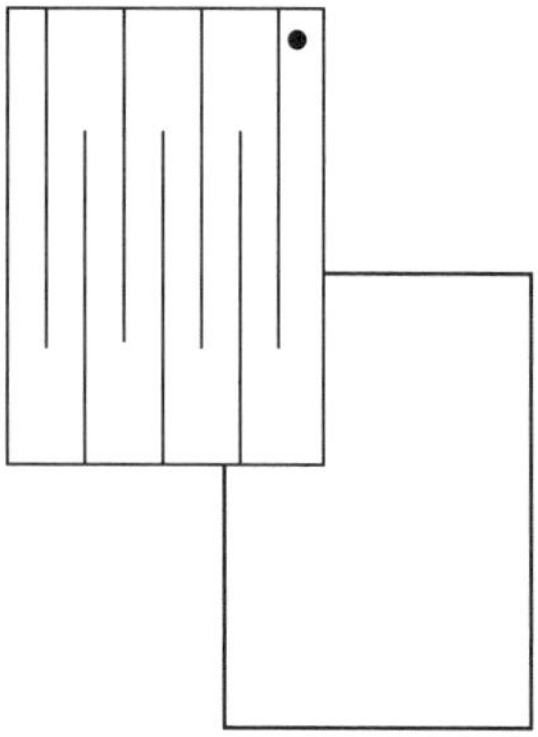

③線に沿ってカッターナイフで切っていきます。

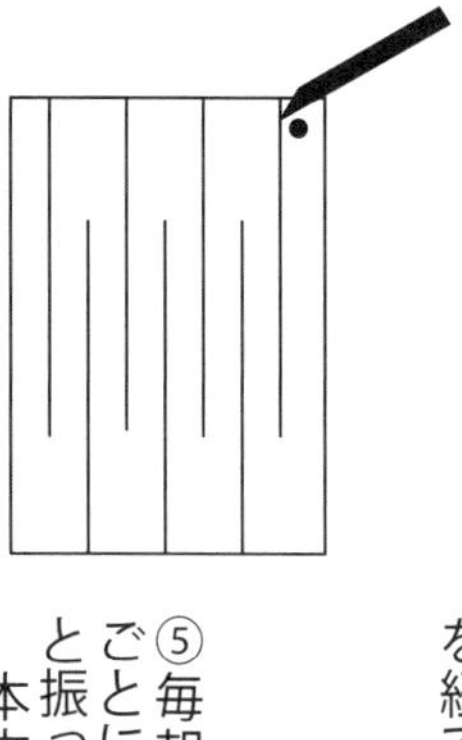

④●の部分を持って手前へ回すようにして垂らし、●の部分を紐で棒に括ります。

⑤毎朝、また事あるごとに、「左・右・左」と振って祓います。
　本文の「祓い」の呪文を唱えて振ると効果的。
※用紙は五～十枚ほど重ねて切ります。

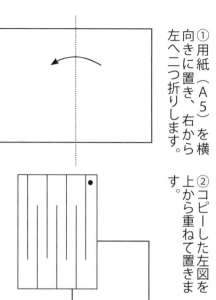

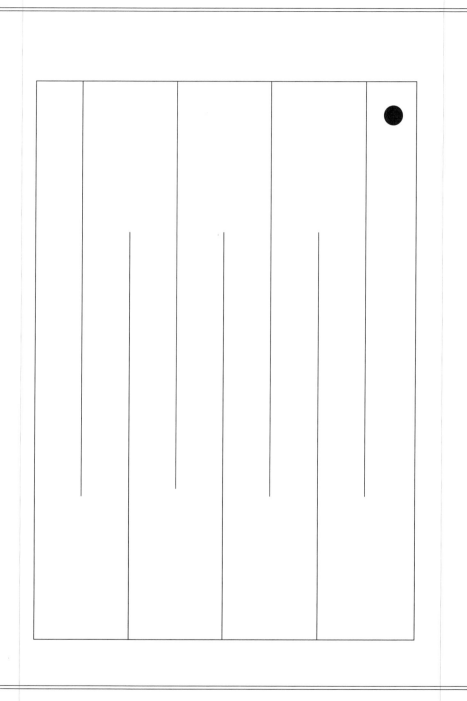

魔の侵入を防ぐ
しめ縄幣

しめ縄幣は結界です。
祭壇、神棚、入口などに貼って
魔の侵入を防ぎます。

①用紙を横向きに置き、下から折り上げて二つ折りします。

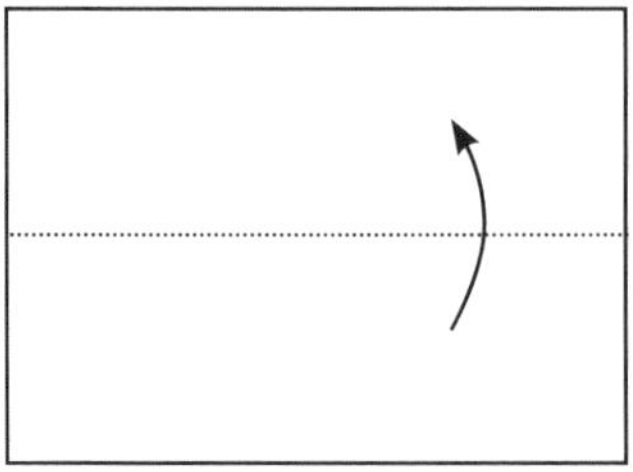

②さらに右から左へと、折ります。

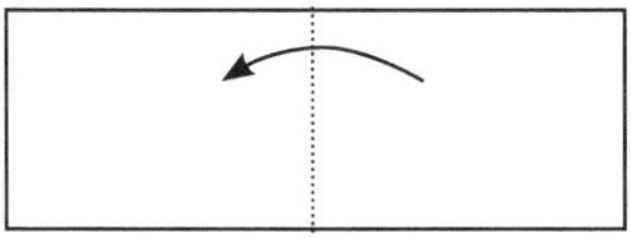

③コピーした左図を横にして上から重ね置きます。

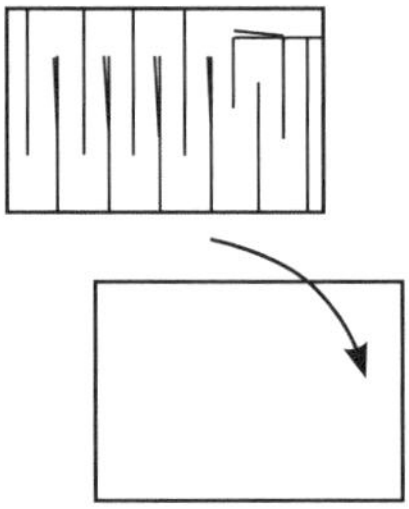

④線に沿ってカッターナイフで切っていきます。

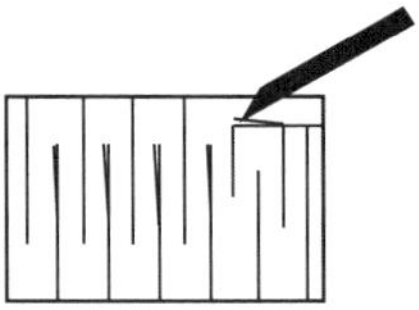

⑤左右に広げます。

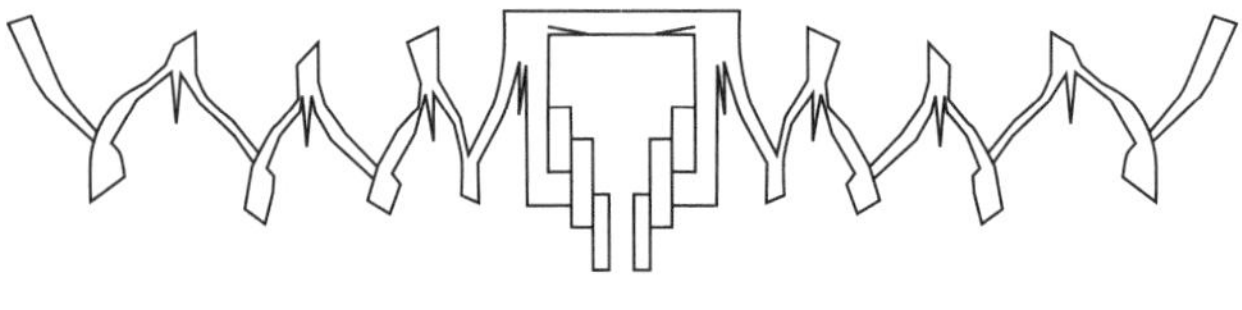

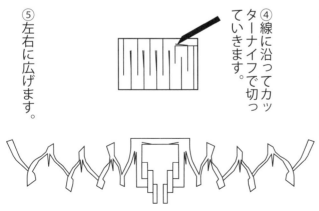

A4 四つ折り

A5 四つ折り

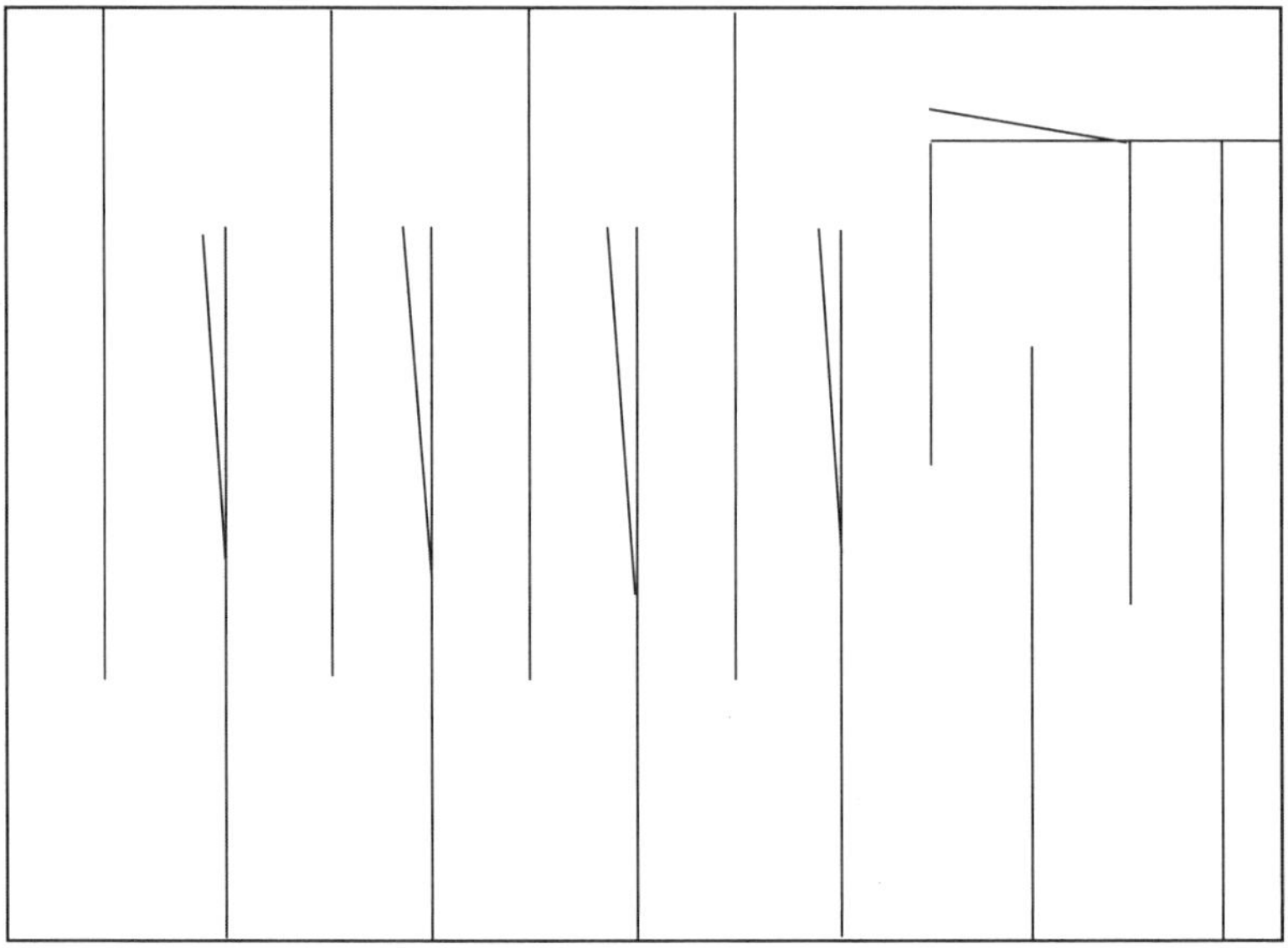

A6 四つ折り

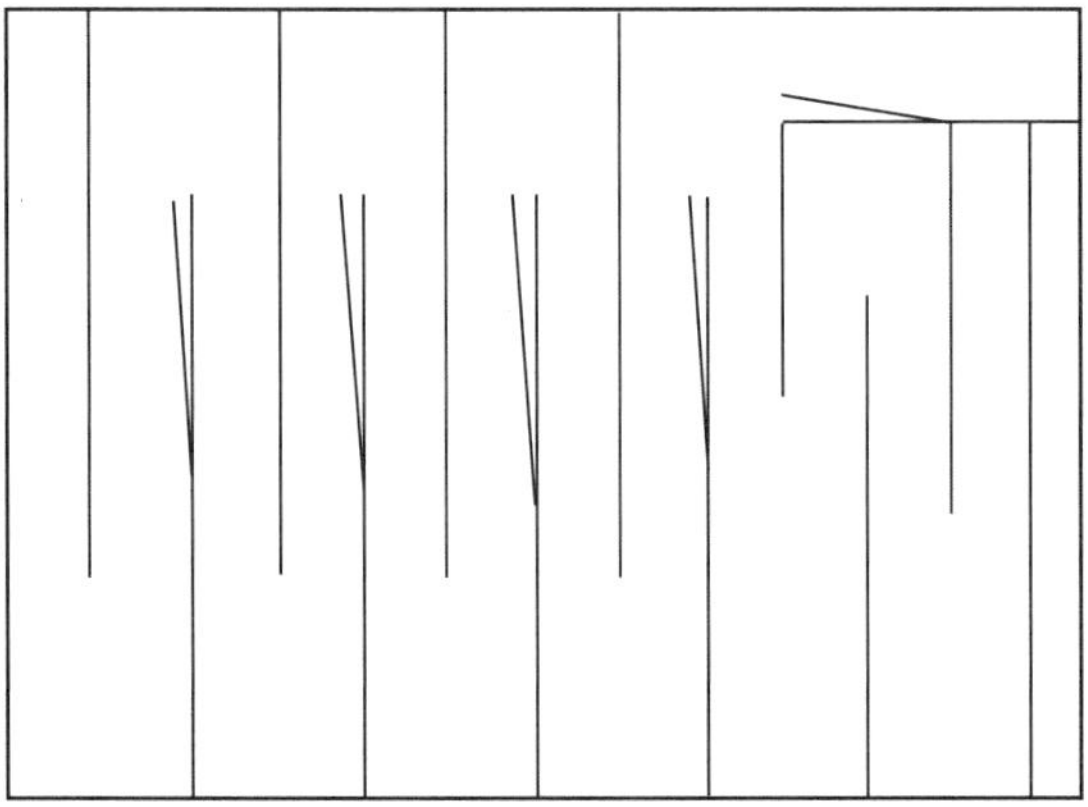

祈願成就のために

祈願幣

願いを明確にし、決意を新たにし、
目的に向かって、思いや願いを書いておきましょう。

●祈願幣　決意新たに

祈願幣は祈願内容を書いて成就を祈る幣で、いろいろな法がありますが、本書では二種類の幣を紹介しておきます。

作り方は、

①Ａ５版（Ａ４の半分サイズ）の用紙を横向きに置き、右から左へと二つ折りにします。

②一六九頁、または一七〇頁の図をコピーして、用紙に重ね、線に沿ってカッターで切ります。

③一六九頁は幣の黒丸●の部分を持って、手前に回すようにして垂らします。一七〇頁はＡの切り線で棒に挟み吊るします。

④四隅に梵字や鬼字を書きます。

⑤中央に祈願内容を書きます。
⑥手刀で四縦五横や五芒星を書きます。

各祈願内容の一例

・「合格祈願」（受験する高校や大学などの学校名を書き、「合格」と書きます）・「恋愛成就」・「良縁成就」（まだ明確な相手がいない場合）
・「家内安全」　・「夫婦円満」「夫婦和合」
・「道中安全・旅行安全」・「除災招福」
・「厄除け」・「離縁・縁切り」・「当病平癒」。

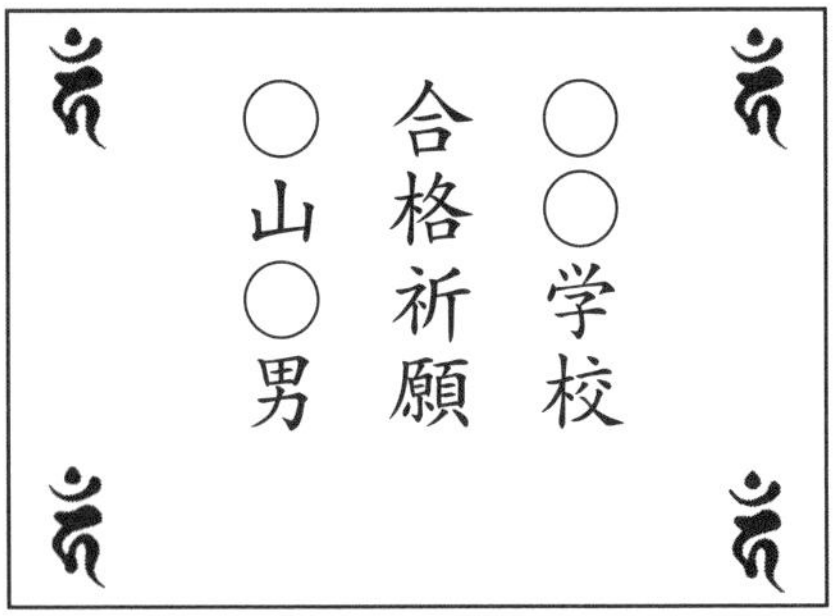

※離縁・縁切りでは、紙面に縁切りしたい名前を書いて、一面に「縁切り　縁切り　縁切り…」と書き埋め尽くす法がよく使われます。
※祈願幣には口伝（口頭での伝授）もあり、自坊呪法研究所では講習会を開き、指導しています。

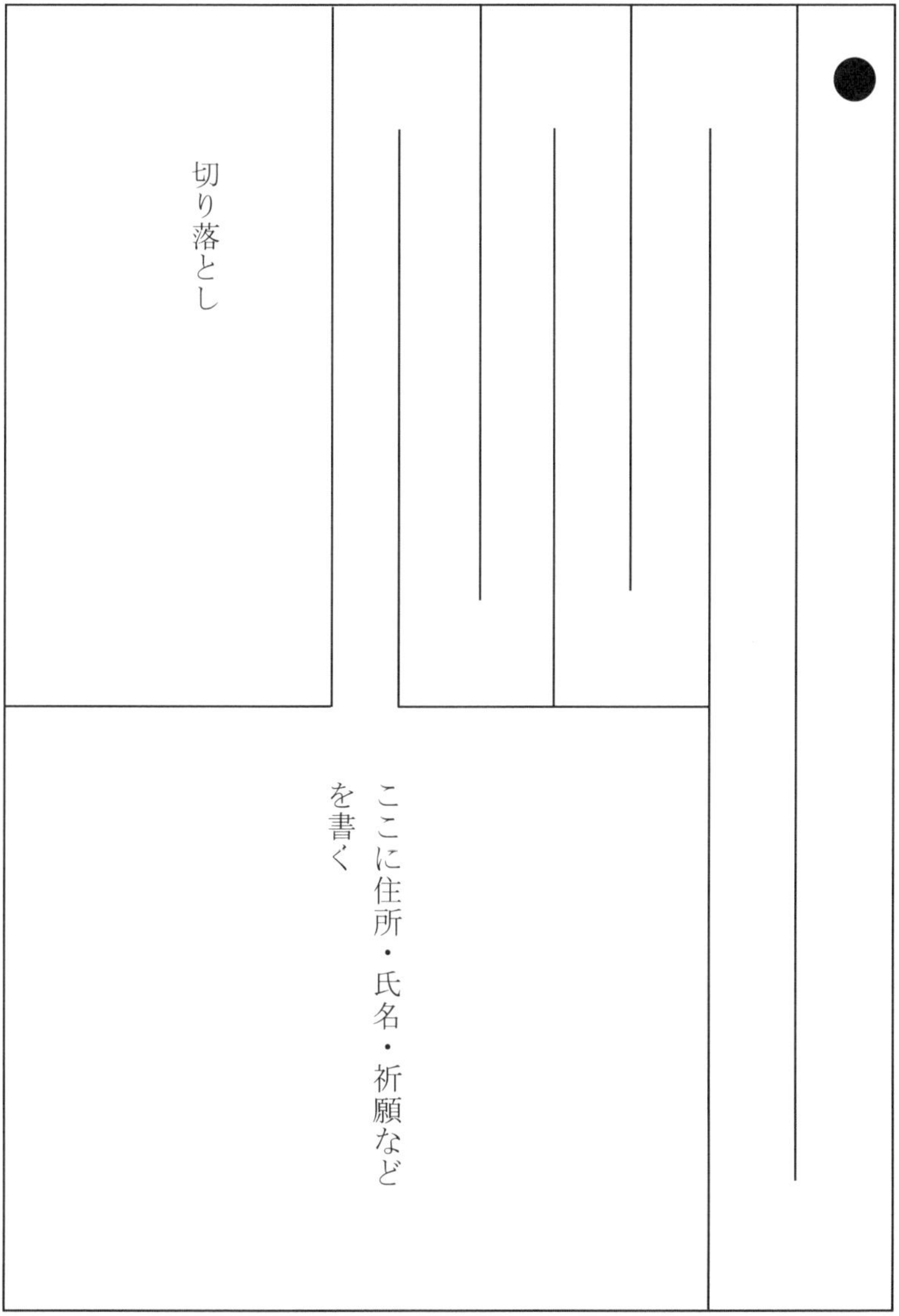
切り落とし
ここに住所・氏名・祈願などを書く

A
ここに住所・氏名・祈願
また梵字（種字）・鬼字などを
書く

まじない所作ー魔を除く

印相

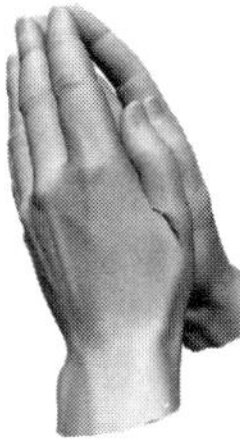

蓮華合掌

合掌して掌中をややうつろにします。

内縛印

右手を手前にして指を交差させて内側へ折り込みます。

金剛合掌

右手を手前にして指を交差させて合掌します。密教で普通に合掌といえば、金剛合掌を指します。

外縛印

右手を手前にして指を交差させて、指を外側に出して握ります。

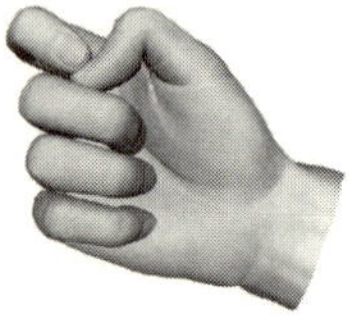

金剛拳

手を握って人差し指を伸ばし親指は中指の側を押します。人差し指先を曲げ親指の甲を押します。

鬼子母神愛子印

両手合掌し、両親指を並び立てて、掌中に入れます。

智拳印

左手は握って人差し指を伸ばし、右手金剛拳にして左人差し指先を握ります。

不空羂索観音菩薩印

①蓮華合掌し、両人差し指を屈して外縛します。②右親指先を、左の親指と人差し指の間に入れます。

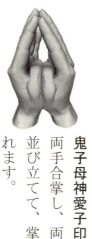

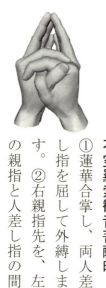

不動隠形印

①虚心合掌します。

②両人差し指を屈して、指先を親指で押します。

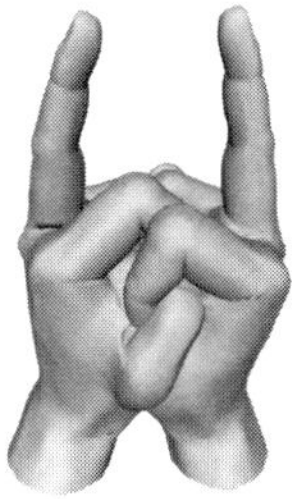

地蔵印

内縛して、両中指を立て伸ばします。

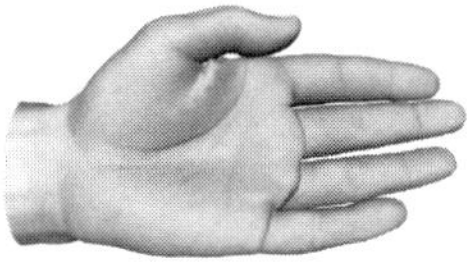

荼枳尼天印

左手で口を覆う仕草をします。

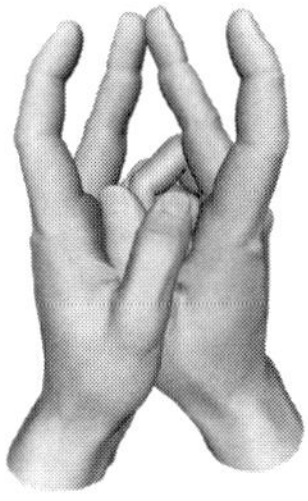

烏枢沙摩明王印

①右の薬指・小指を、左の薬指・小指の背後から中指と薬指の間に入れ、右の親指で右の薬指と小指の甲を押し、左の薬指と小指を握ります。

②左の薬指と小指を屈して左の親指で、その甲を押し、環を作り相鈎します。

③両人差し指と中指を立て合わせます。

④両人差し指を去来します。

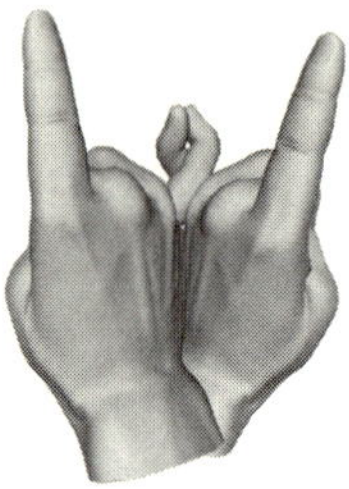

降三世明王印

①両手とも握ります。②人差し指と小指を立ててやや屈します。親指は屈して掌中に入れ中指と薬指で握ります。③右手を手前にして左右交差させ、両小指を相交えます。

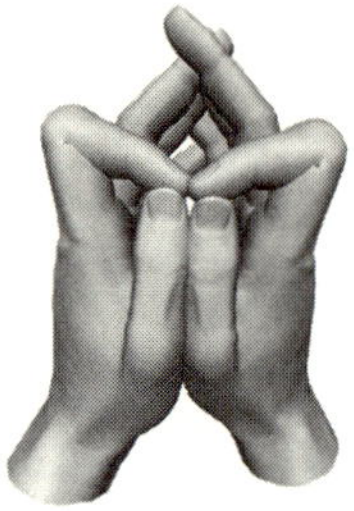

大慧刀印

①まず蓮華合掌します。②次いで金剛合掌し、両親指は並び立てます。③両人差し指を屈して、両親指の頭を押さえます。

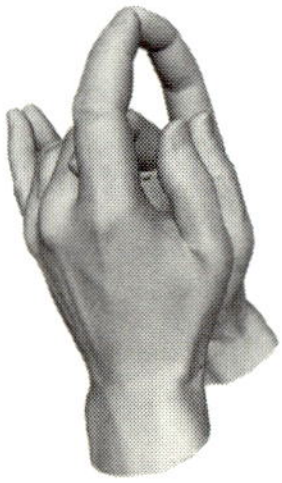

伎芸天印

①虚心合掌します。②両中指、薬指を屈して外縛します。③両人差し指はやや屈して宝形にします。④両親指は並び立てます。

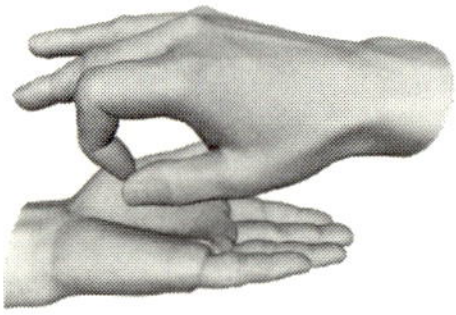

弁才天印

①左手の五指を伸ばして掌を仰げ、臍のあたりに置きます。②右手は親指と人差し指を相捻じ他の三指は伸ばして散らします。③左手の上に右手を置き、回転させせます。

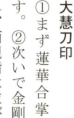

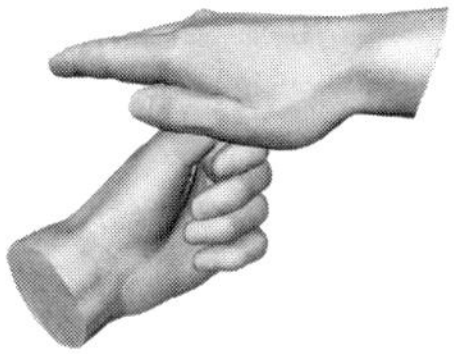

摩利支天印

①左手は親指を掌中に入れて握ります。②右手は五指を伸ばして横たえ、左手を覆います。

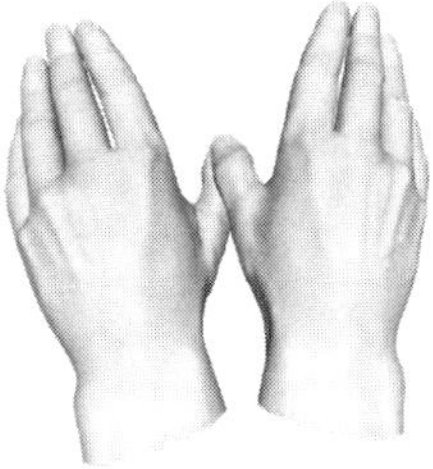

迦楼羅印

両手を並べて伏せ、右手の親指で左手の親指を押さえます。

愛染明王印

①まず外縛し、組み替えて内縛します。②両中指を立てて交差させます。

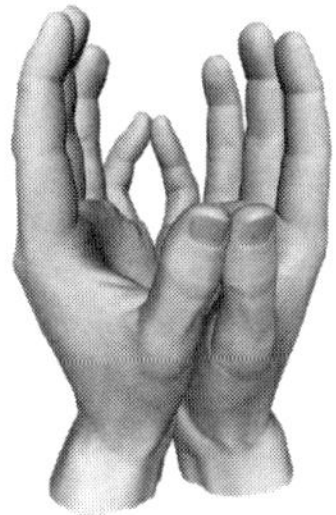

吉祥天印

①まず虚心合掌します。②両人差し指、中指、薬指を開いて屈し蓮華の形のようにします。③両親指は並び立てます（八葉印）。

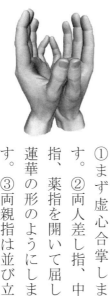

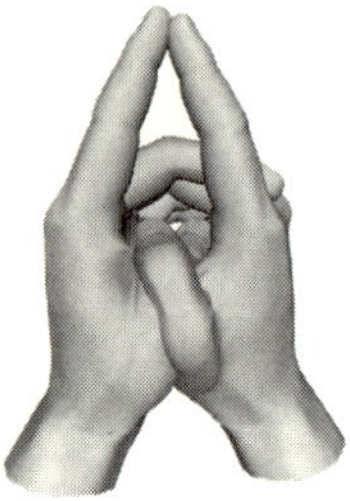

古神道―拝神印

①左手が手前になるようにして指を交差させて両手を組み、指を外に出します。②両人差し指は立てて指先を合わせます。③両親指は右親指が上になるようにして交差させ、掌中へ入れます。

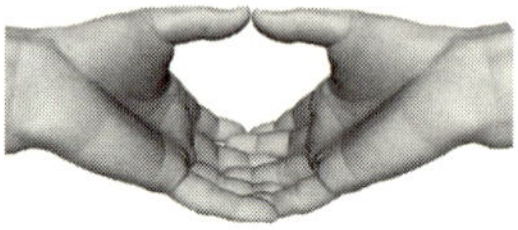

古神道―陽気招来印

①両手を仰げます。②両親指・両人差し指の先を合わせて円形を作ります。③他の三指は指先を交差させ、このとき人差し指の脇は、中指の脇につけます。④胸前に置き呪を唱えます。

古神道―送神印

①両手を握り合わせます。②両人差し指を立て指先を合わせます。③右の親指は人差し指の第二節の側につけます。④左の親指は右親指の根元につけます。⑤左親指を三度、引き放つ動作をします。

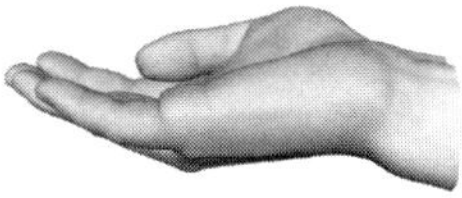

古神道ー降敵印

右手、掌を仰げて、自然な形でやや屈します。

古神道ー富貴印

両手合掌し、掌中を虚ろにします。

古神道ー龍神印

①右手を仰げ、五指を広げてやや屈します。②左手を握り、親指を立てて第一節を屈し、右手の上に置きます。

古神道ー伏敵印

①左手は親指と、人差し指、中指を立て伸ばし、薬指と小指は屈して握ります。②右手は親指と人差し指を立て伸ばし、中指は根元から屈して水平にし、薬指と小指は屈して握ります。③左中指と両人差し指の先を付け合わせ、親指は右を手前にして交差させます。④右中指は、左薬指の第二節の上に置きます。

古神道ー除貧印

①両手、合掌します。②両人差し指を屈して、指先を両親指の先に付けます。

道教ー延寿長生印

①左手の中指を曲げ、親指で押さえます。②右手は中指と薬指を曲げ、親指で押さえます。③左掌を上に向け、その上に右手を乗せます。

古神道ー招宝印

①両手、合掌します。②掌中を虚ろにし、各指をやや屈します。

道教ー消災幸福印

①両手とも中指、薬指を曲げ、親指で押さえます。②両手の人差し指、小指の先を付け合わせます。③親指を中指、薬指から離して人差し指の側に付けます。

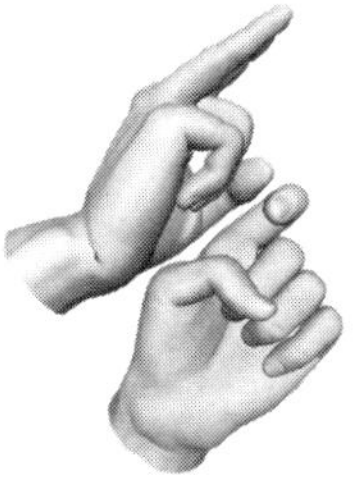

道教ー龍虎印

①左手の中指、薬指、小指を曲げ親指で抑え、人差し指は鍵状にします。②右手の中指、小指を曲げ親指で押さえ、人差し指、薬指は伸ばします。③左手の上に、右手を下に向けて、親指の部分を左手の親指と人差し指の付け根のところに付けます。

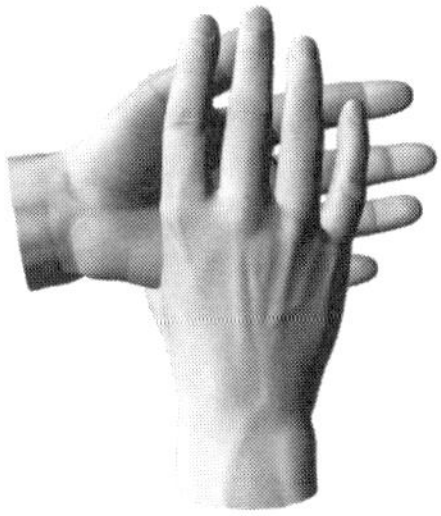

四縦五横印

①胸元で左掌を手前に向け五指を伸ばして横に置きます。②右手は親指を掌に曲げ、他の四指を伸ばして縦に置き、左手に重ねます。

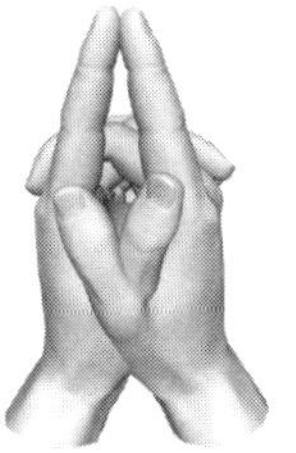

九字総印

①外縛して両人差し指を立て、指先を付け合わせます。②両親指は交差させます。

古神道―五行相剋印

①両手五指を広げ仰げます。②左の薬指を右の中指の下、人差し指、薬指の上に置き、右の人差し指で押さえます。③左の小指は、右の中指を降り曲げて押さえ十字をつくります。④右の薬指、小指を左の人差し指、中指の上、薬指、小指の下に置きます。⑤右の小指は左の人差し指に付け、右の親指を左の中指に付けます。⑥これは五元の相剋を表しています。

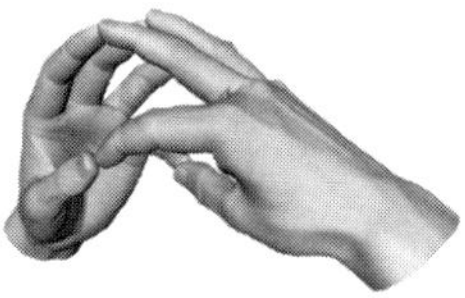

古神道―五行相生印

①両手五指を広げ自然に屈します。②左掌を自分の方に、右掌を地に向けます。③左の親指先で右の人差し指先を押さえ、左人差し指で右中指を、左中指で右薬指を、左薬指で右小指を、左小指で右親指を押します。

古神道―祓いの印

①左手が手前になるようにして指を交差させ合掌し、そのまま掌中に折り曲げます。②中指を付け合わせます。

まじない呪字ー魔を除く

梵字種字

梵字を書くコツは漢字を書くのと同じような要領で、上から下、左から右、点は最後に下から上と覚えておくと良いでしょう。

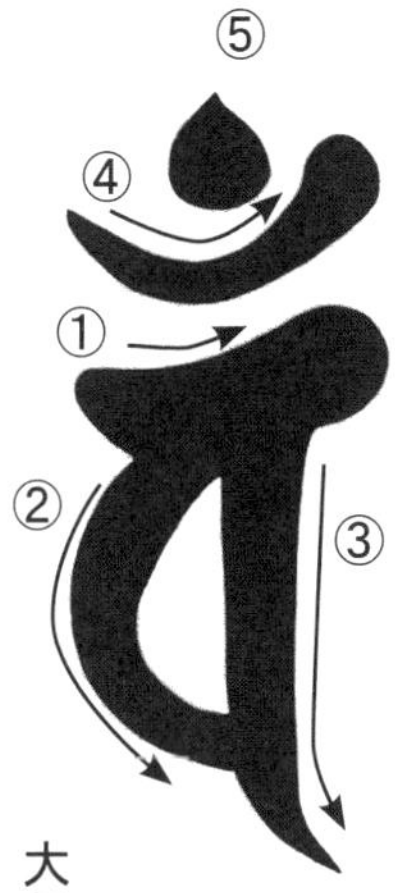

大日如来

※数字は筆順を示しています。

十一面観音

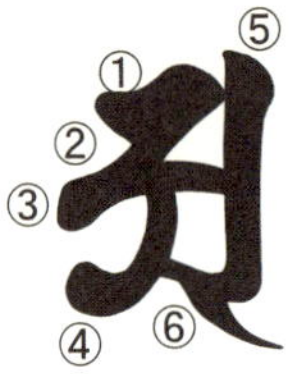

大日如来

普賢菩薩

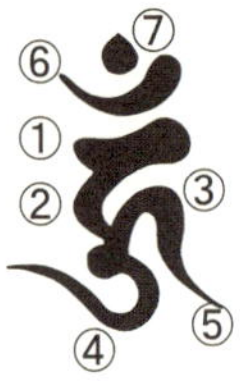

愛染明王

大随求菩薩

阿弥陀如来
観世音菩薩

勢至菩薩

虚空蔵菩薩

不動明王

妙見菩薩・弁才天

大黒天

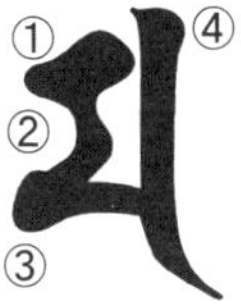

鬼子母神

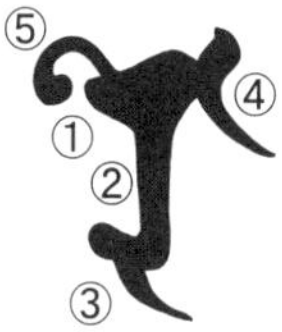

持国天

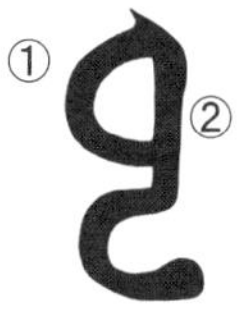

増長天

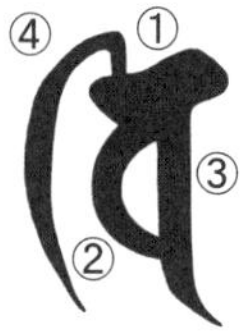

広目天

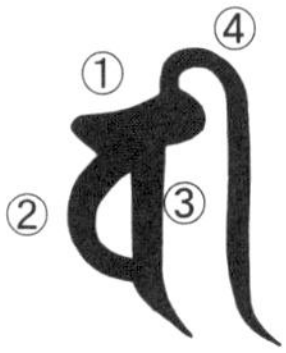

観音菩薩・地蔵菩薩

吉祥天

帝釈天

まじない道具ー魔を除く

鬼字

鬼字は、「鬼」の字をそのまま用いることもありますが、だいたいは角が取れた形で書かれます。日蓮宗では異なった独特の書き方を用いています。書様にはいくつかありますが、一例を示すと次のごとくです。

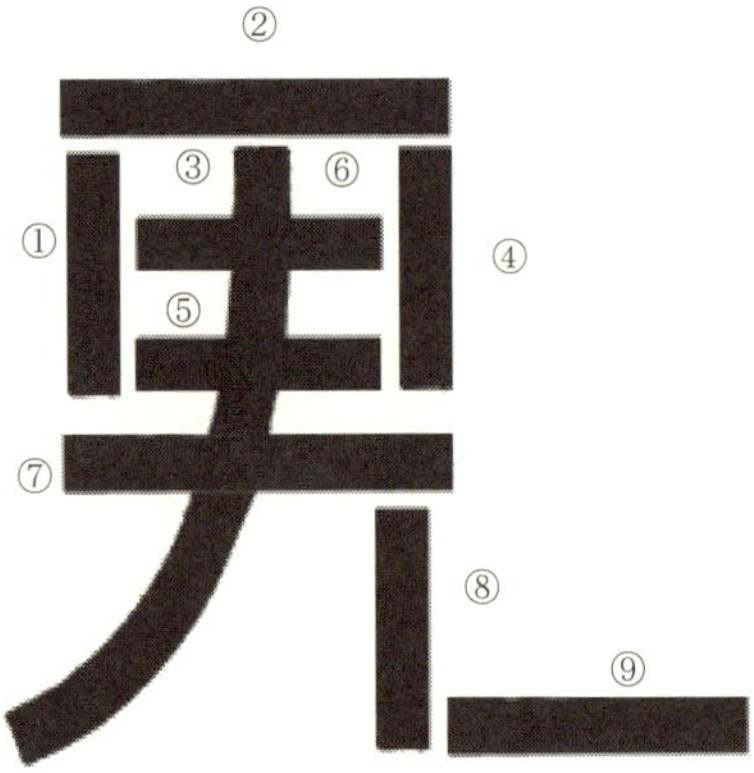

霊気退散

長寿祈念

怨敵退散

呪詛本還

問答勝負

延命祈念

調伏降魔

障碍離別

息災除災

まじない道具―魔を除く

呪符

・恋愛符　女性がこの符を持てば男性から思慕されます。

・恋愛符　男性がこの符を持てば女性から思慕されます。

・離別符　別れたい相手がいるとき。

・祓悪夢符　嫌な夢を見たとき、掌に書きます。

・不受呪詛符　呪詛を受けないようにするとき。

・良縁符　ことに女性。

喼急如律令

・死霊祓符　死霊の障りを祓います。

・道中安全符　旅行安全。

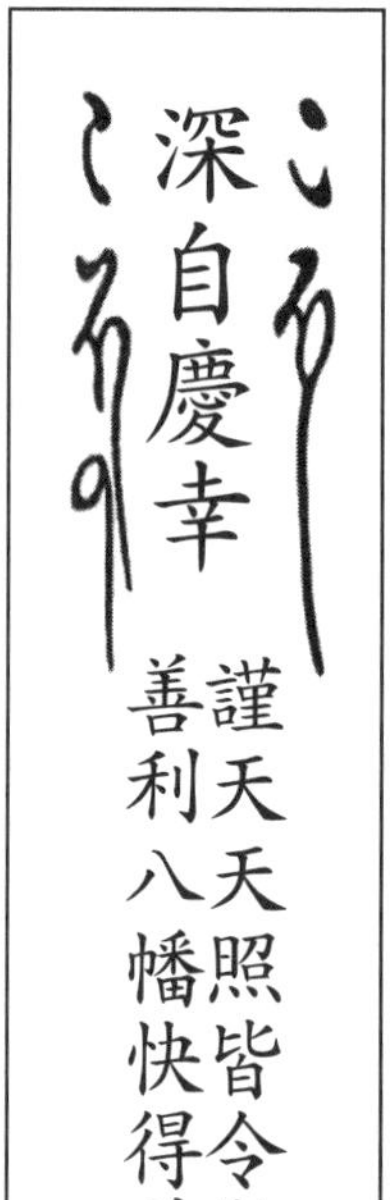
謹天天照皆令歡喜
善利八幡快得善利

・酒害予防符

・商売繁盛

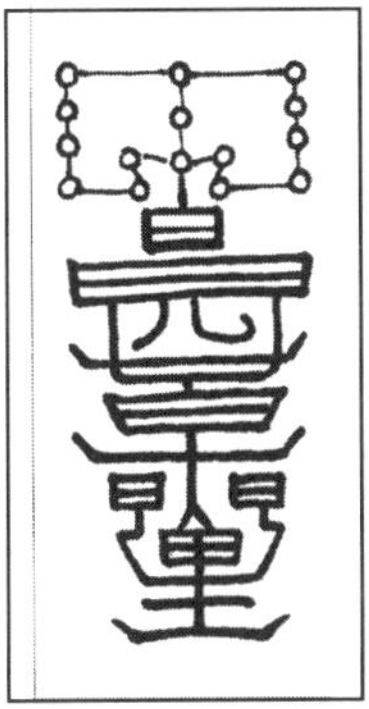

・防火

・呪詛返し

・上司厄災（パワハラ防止）

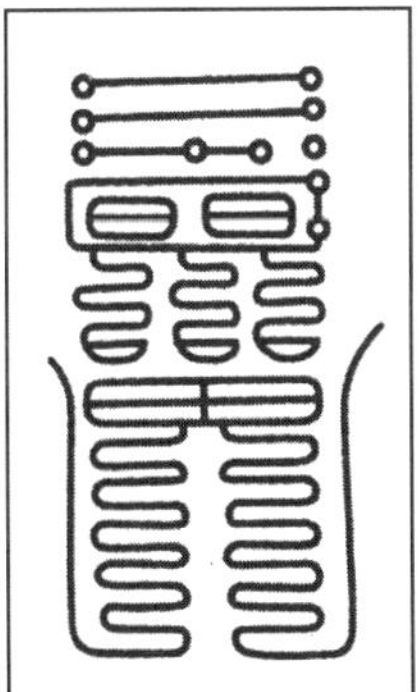

・干支守―酉歳

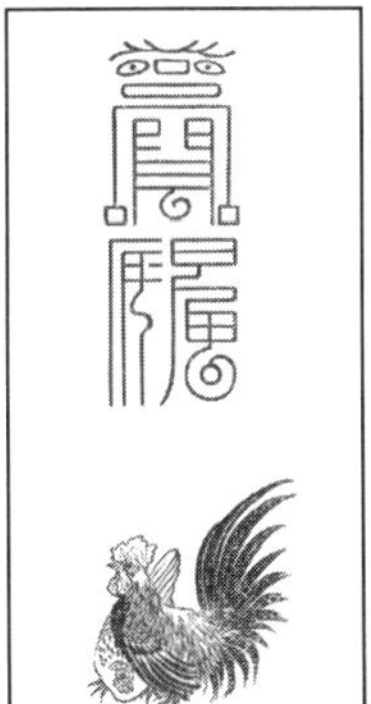

まじないの具ー魔を除く

幣束

しき天神幣

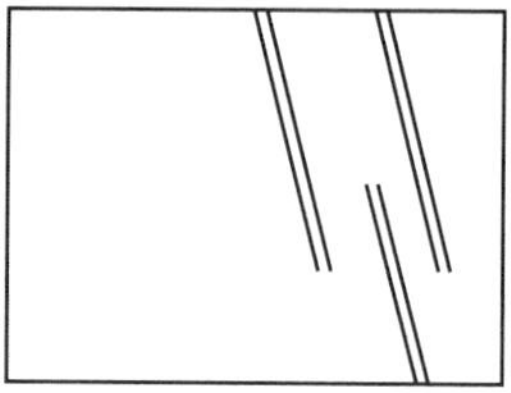

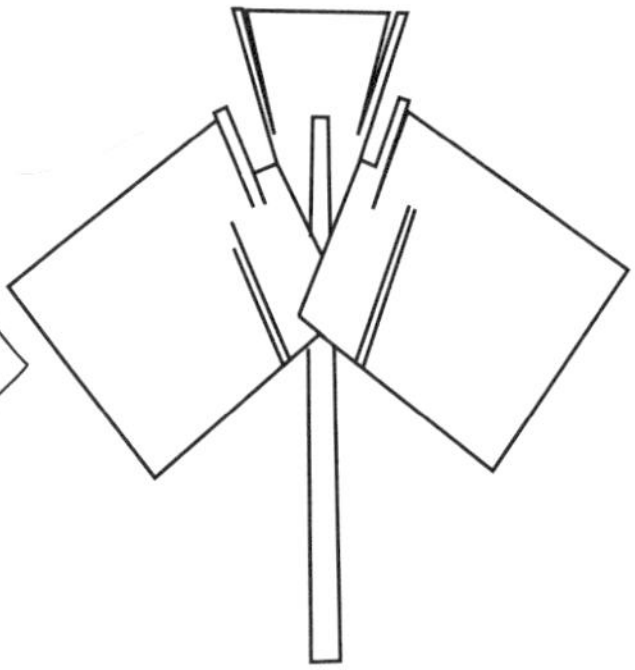

夫婦和合幣

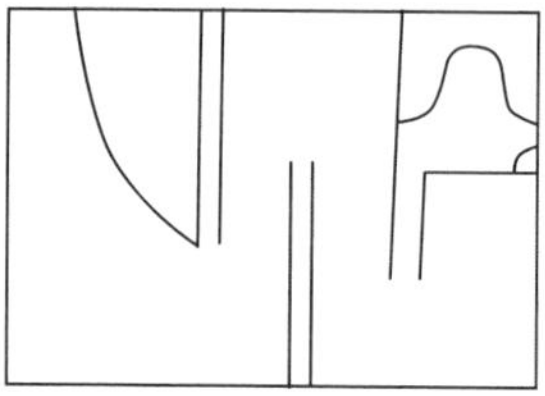

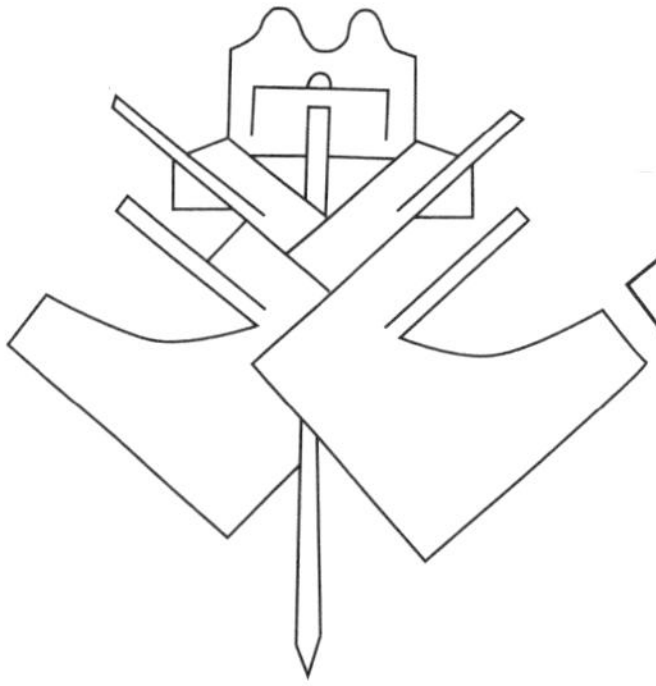

死霊幣

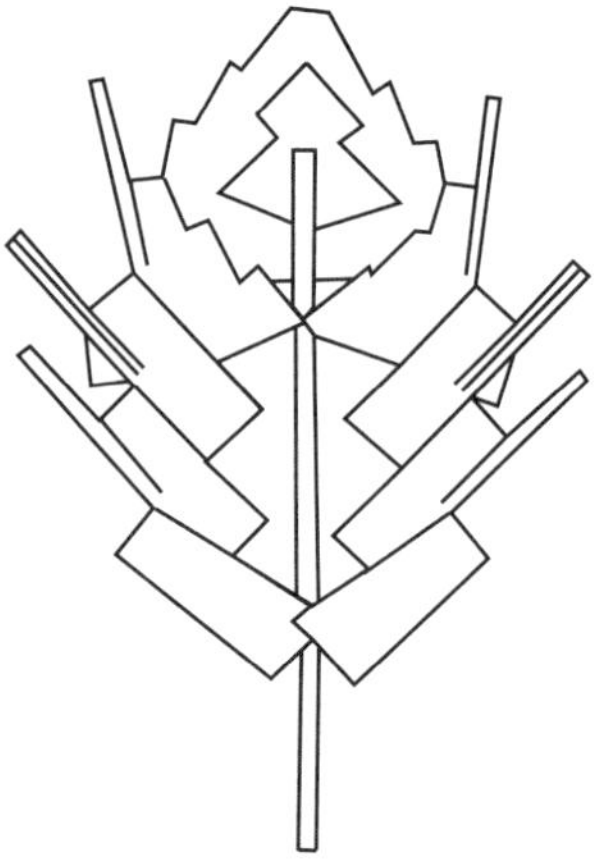

方除け幣

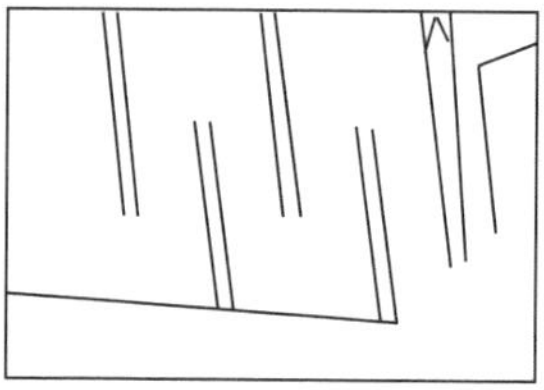

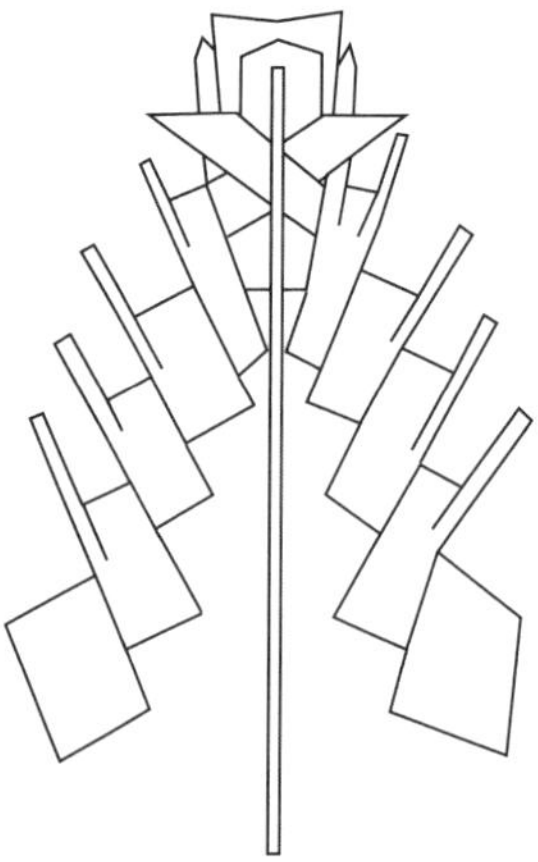

弁才天

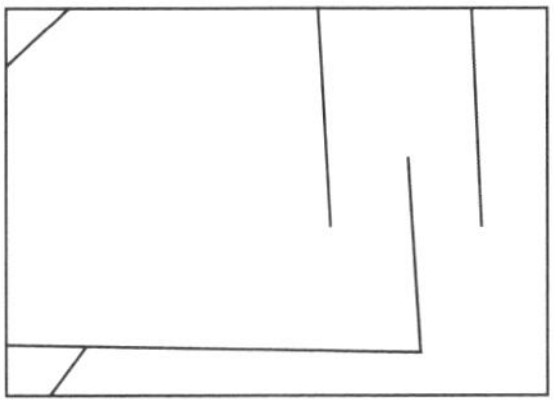

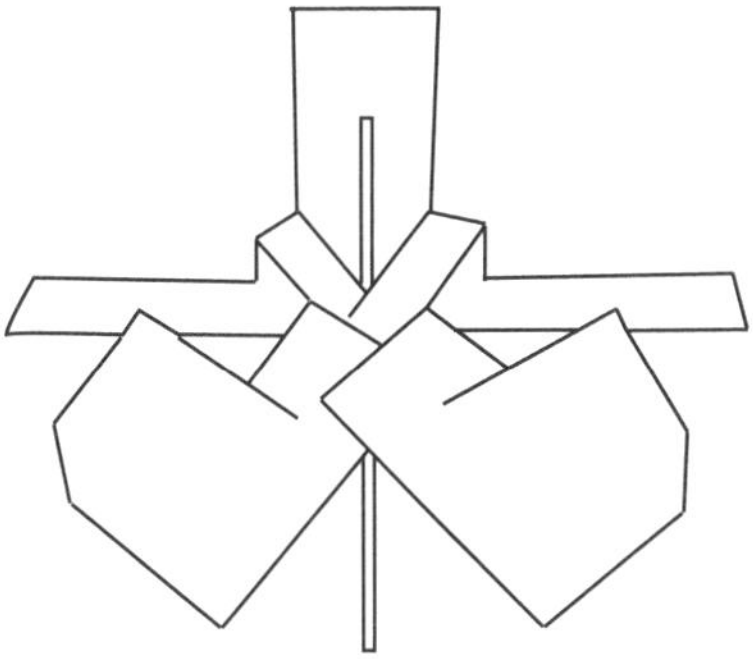

大黒天

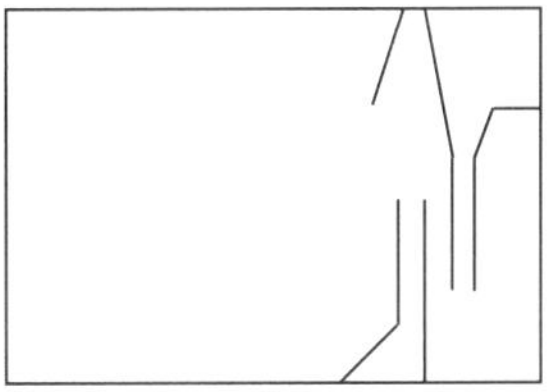

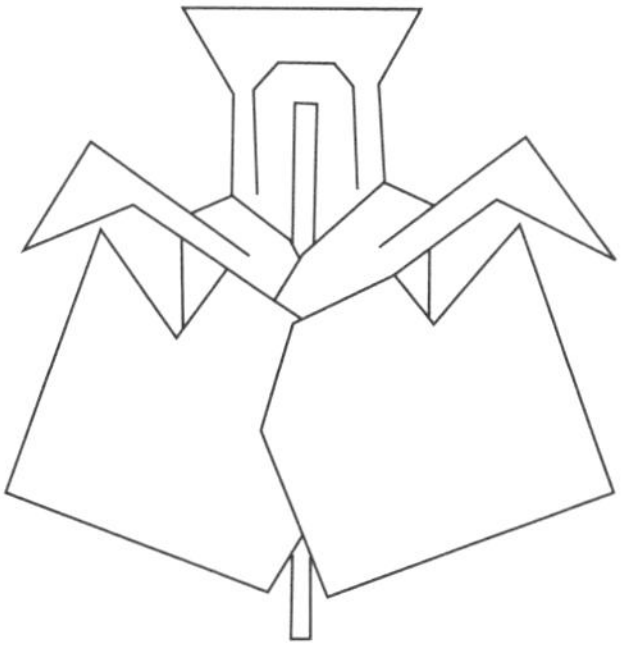

門じめ関

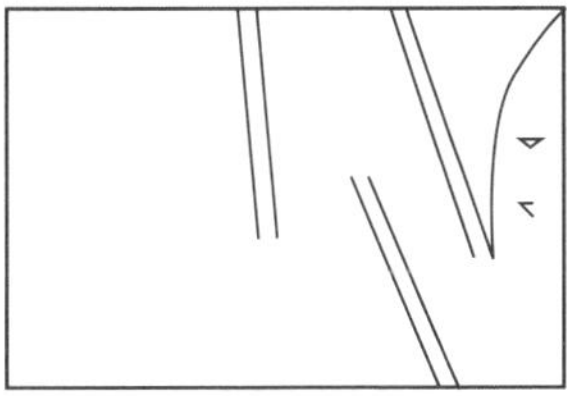

折符

まじない道具ー魔を除く

折符は和紙を折って作るのですが、紙の縦横の比率が、１：$\sqrt{2}$（１：１・４１４）と定められています。これはいわゆる黄金比で、日本型黄金比また大和比といわれる比率です。古来、さまざまな分野で用いられ神社仏閣の境内地や堂宇などにも用いられています。寺院では五間×七間という本堂が多いのもうなずけます。

現在一般的に手に入れやすい和紙は三三三ミリ×二四二ミリサイズの半紙でしょう。しかしこれだと、厳密に合わせようとすると縦方向（長辺）のサイズがやや短いため、短辺に合わせると縦方向にやや切り取る必要があります。この比率に最も合い、入手しやすいのはＡ４版の紙です。半紙でも許容範囲ですから、部屋置き用、携帯用などで使い分けても良いでしょう。

携帯する場合は、清め包みに入れて、所持します。

願望成就符

①左右下角を斜めに折り上げ、中央で折り合わせます。

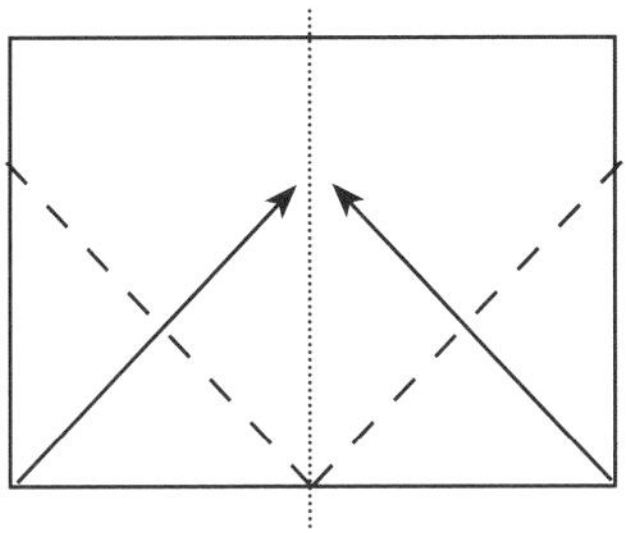

②左右上角を斜めに折り下げ、中央で折り合わせます。

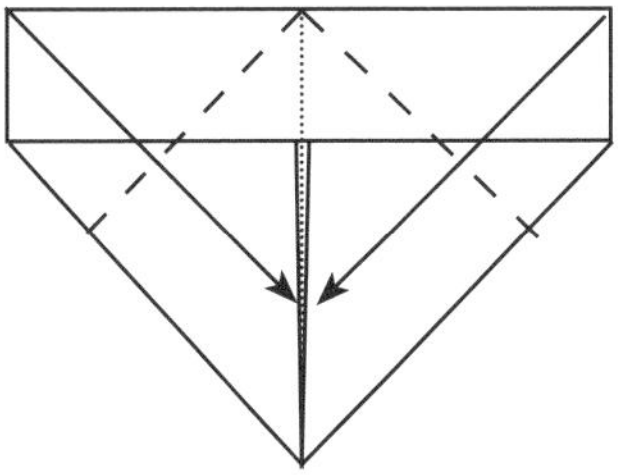

③裏に返して中央で折り合わせます。

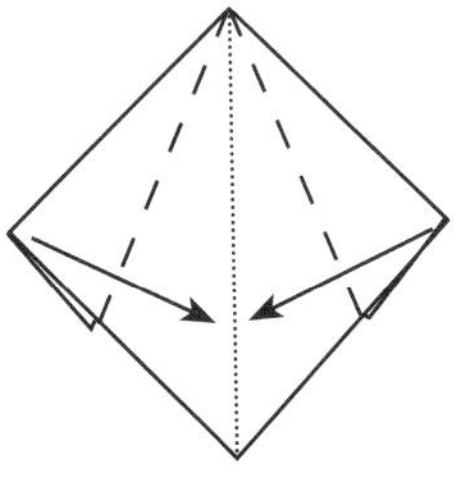

④裏に返します。

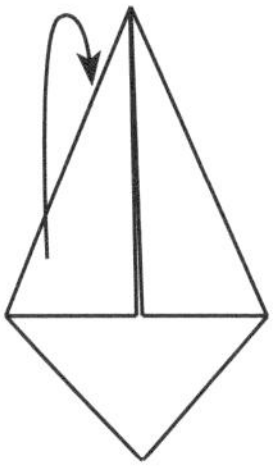

⑤ここを開いて「合格祈願　〇山〇男」などと願望を書いた紙を入れます。

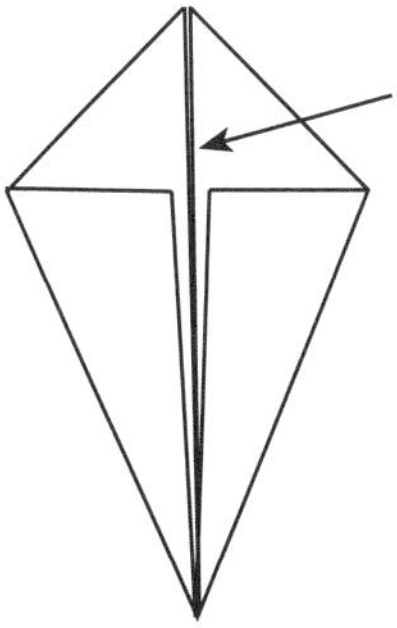

除災招福符

①用紙を横向きに置き、角をそろえるように折り合わせる。

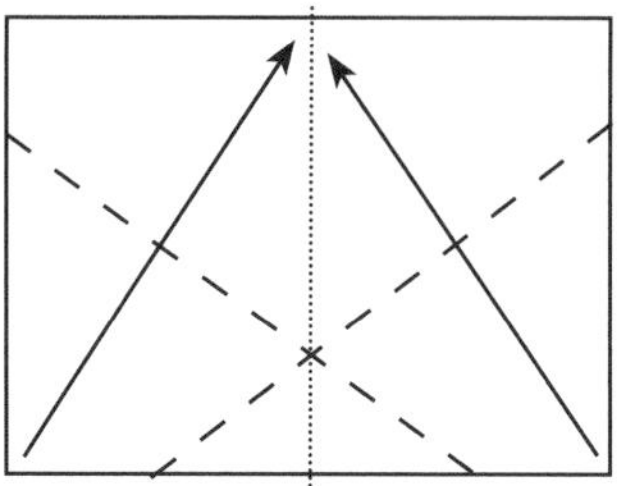

②真ん中で折り合わせる。

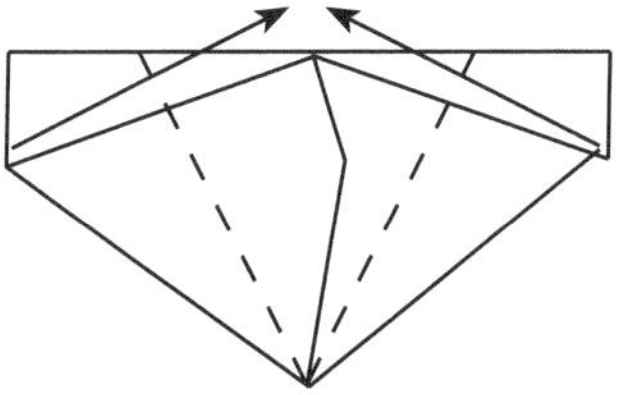

③裏に返して真ん中で角を折り合わせる。

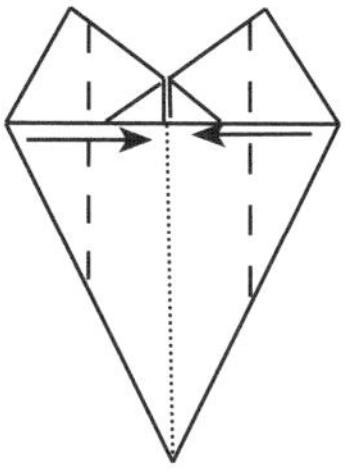

④裏に返します。

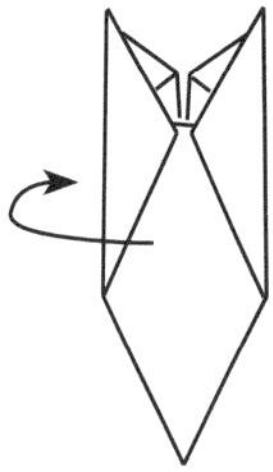

⑤角が出ないように折り上げます。

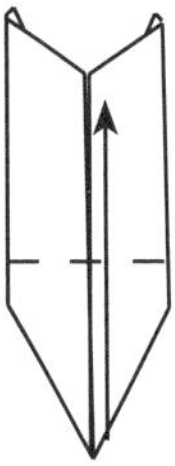

⑥出来上がり。

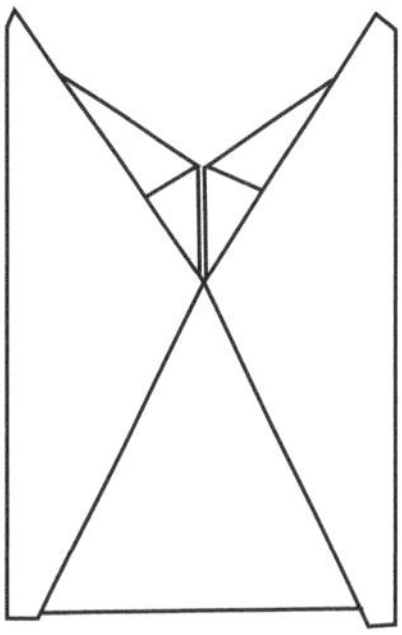

清め包み

①半紙を縦に置き、右下端を折り上げます。

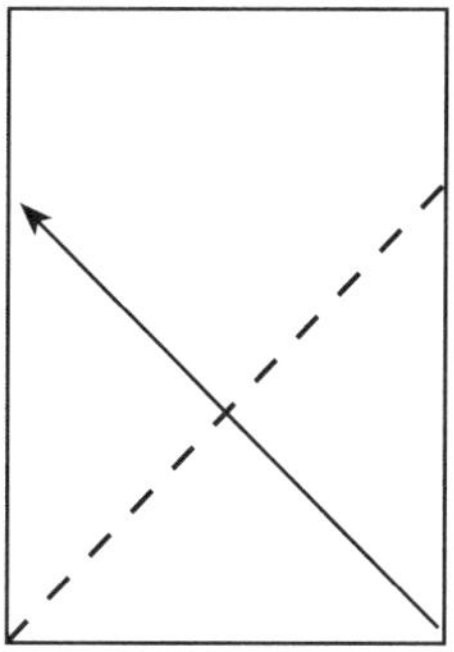

②上部を折り下げます。

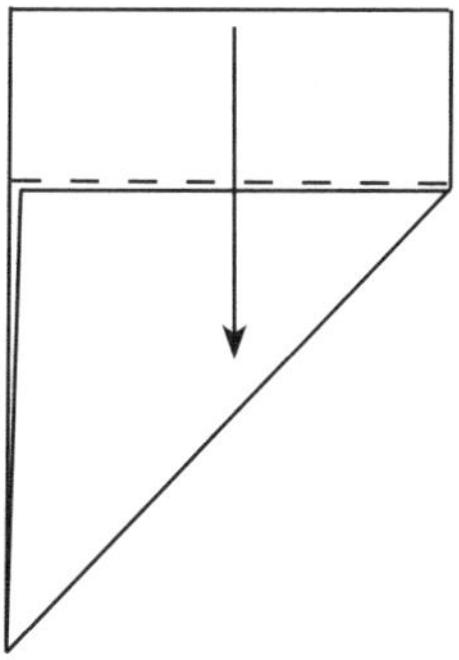

③右半分を中央で左へ折り、端を合わせます。

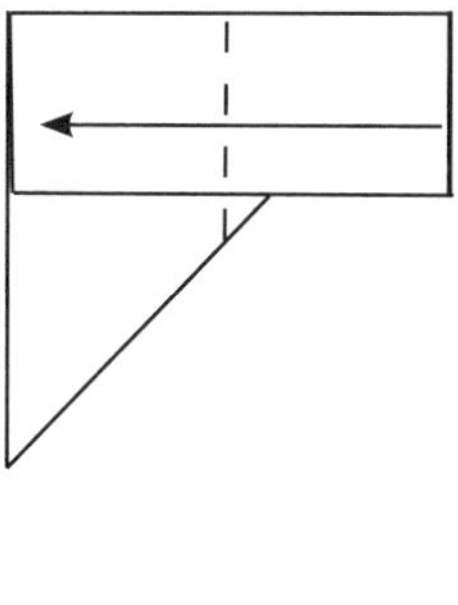

④下部を折り上げます。

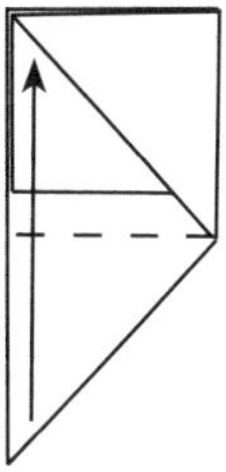

⑤左三分の一を裏へ折ります。

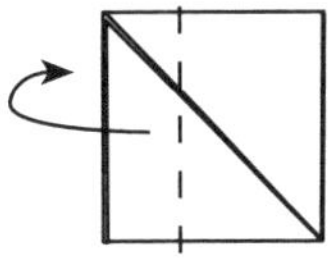

⑥上下返します。

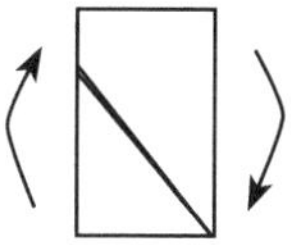

⑦出来上がり。

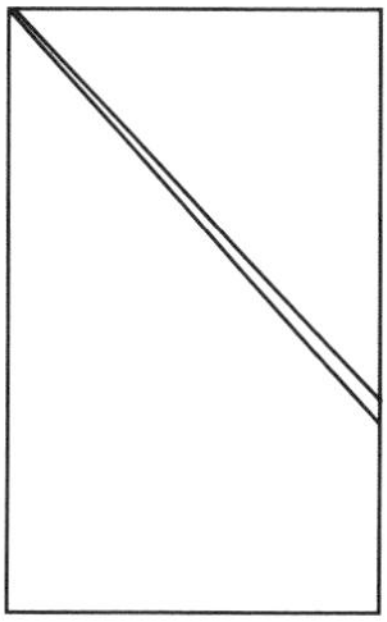

（大宮司朗編『太古真法玄義』八幡書店刊より）

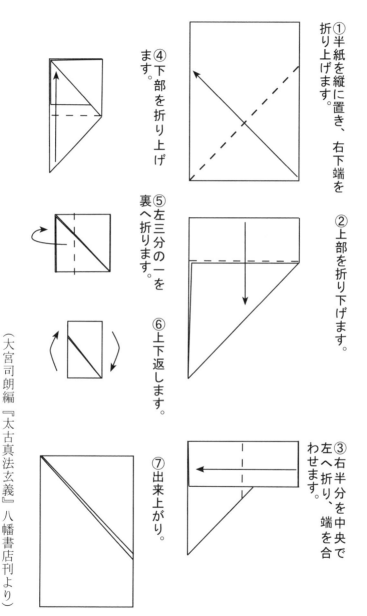

霊障・心霊現象

霊障

様子がおかしい

霊は必ず存在します。
さまざまな事例が
それを証明しています。

あれ、誰かそこにいたような…
何か、ここは気味が悪い。
妙な音がする。
嫌な臭いがする。
うわっ、危ない、もう少しで大怪我するところだった。

人は普段の生活の中で、非日常的なことに遭遇することがあります。また何らかの魔に魅入られているのではないかと感じることもあります。その人が何らかの霊に、また魔に魅入られていると感じるのはどういう時でしょうか。人はそれを五感で察知します。
「見える」「感じる」「体調不良」「事故に遭う」「聞こえる」「金縛りにあう」「おかしな言動」など様々でしょう。

ですが、そのことには「気のせい」で済ませることも多々あります。それは感じるのは自分だけで、周囲の人には感じられないからです。

「今、そこに誰か、いたよね？」

「いや、誰もいないよ」

「そうか、気のせいかな」


自らそれと自覚するのは、また周囲の人がおかしいと気づくのは、多くの場合、体調の不良、普段と異なる言動などが挙げられます。

こうしたことは突然大きく現れるよりは、徐々に起こってくるもので必ず前兆があるはずです。何か変だな、と前兆を少しでも感じたら、まずはまじなっておきましょう。

しかし、以下のような場合、自分で処置するのは危険です。何らかの霊による障りが現れた場合は、寺の修法師に依頼したほうが無難です。下手に自分で処理しようとすれば、害が大きくなり、場合によっては命を落としかねません。

●死霊

死霊とは、死んで迷っている霊のことで、それが人に執着して害をなすのです。死霊に憑かれると人は体に何らかの変調を来たし、病悩となって顕れます。

一口に死霊といってもさまざまです。生きていた時の怨念をそのまま死後にも持ちつづけて人に障るもの、子孫の供養が足りないために幽界において迷っているもの、事故死などでそのときこうむった苦痛から抜け出すことができずに助けを求めて人に憑るもの、過去世や現世で犯した罪業のために六道を輪廻して成仏できないものが、何らかの障りとなって人に祟っているものなどがあります。

死霊は、さまざまの障りをなす霊のうちでは比較的解脱させやすいものとされていますが、それは冥界に迷うものが多いため、供養を行うことで導いてやればよいといえます。それには施餓鬼供養が最も良いとされていて、これは諸宗派でも多く用いられている方法でもあります。

しかし、祈願者への直接的怨念をもつ死霊など、ときたま予想外に頑固な死霊もいるので、また生霊も憑いていることも多いため、修法師は専心読経することに勤め、決して死霊加持であるからといって油断をしてはならないと、堅く戒められているのです。

●生霊

生霊とは、生きている者の怨霊（怨念）のことです。通常は貪欲《どんよく》（むさぼり）、瞋恚《しんに》（怒り）、愚痴《ぐち》（おろか）の三毒が原因となって憎しみの思いが生じ、その念がこうじて生霊と化し、他に災いをもたらすのです。深く怨念を持つ人は、他の験者などに頼み呪詛《じゅそ》の法をもって他人を苦しめようとすることもあります。生霊とあわせて障害をなすことも往々にしてあり、生霊の障りがあるときには呪詛に対しての注意も必要であるとされています。

生霊に対しては誦経とともに、教え諭すことが大事となります。

●狐憑

修法の際に、読経していると相手は様々に体を動かすことがあります。体をくゆらせたり、床に這うような仕草をしたり、その様子は狐のようであったり、蛇のようであったりします。そこに狐憑きなどといわれる所以があります。

狐に限らず、動物霊の憑依《ひょうい》で悩まされることは多々ありますが、野狐《やこ》は狡猾で、行者をも欺《あざむ》き誑《たぶら》かし厄介だといわれています。

狐などに憑かれると、人は不審な行動を取るようになり、粗暴になったり、祈祷を行うと狂態を表すことが多くなります。修法を施すと手に負えないほど凶暴になって暴れだしたり、部屋や家を飛び出すこともあり、そのため家族の同伴が必要となることもあります。

しかし、この場合は、狐などの動物霊である場合もありますが、実はその奥に潜む存在がある場合もあります。その霊に狐などが踊らされていることもあり、なかなか正体を現さずにいるため、厄介なのです。

●呪詛

何らかの理由で恨みをかうと、相手は他の験者に呪詛調伏を依頼したり、野狐や邪神を頼みにしたりします。修験の伝書によれば、呪詛を行う験者自身、「恨みの念を強く持て」とし、「瞋恚嫉妬をもって心となす」としており、準備に前行として行う荒行も、憎悪の念を駆り立てる役割もあるようだから、呪詛もかなり強烈なものとなります。

人の言動は何気ないことでも、他人に恨みを持たれることがあります。したがって、そこに自身の悪心があったりもしますし、また前世での悪業《あくごう》（悪しき行い）ということもあります。そのためこの加持を受けるに、自身の行いの反省も必要となります。

●霊現象

修法を施す場である祈祷場は天符・界縄で結界されているため、魔が入る隙はないのですが、不思議な現象が現れることがあります。それはロウソクです。

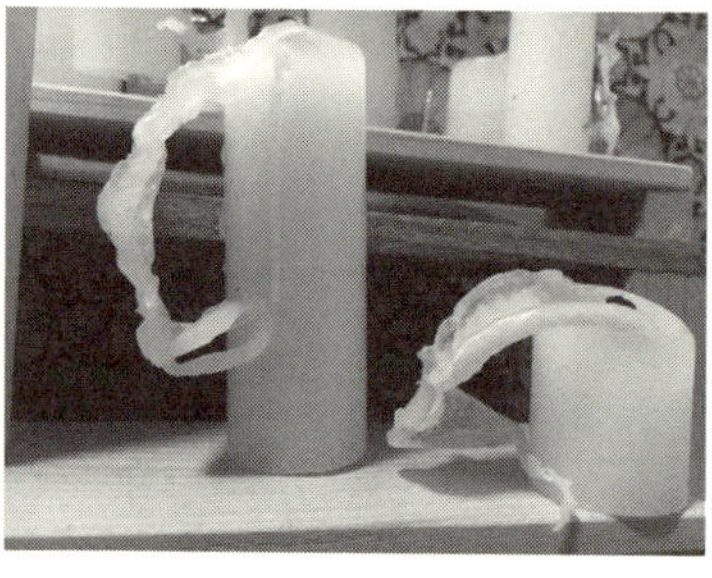

読経を続けていると、灯したロウソクから垂れるロウが奇妙な形状を成していくことがあります。もっとも多いのは、龍のうろこのような形状です。この現象は筆者のみならず、多くの修法師が経験することでもあります。長く繋がって垂れることもあり、また龍の頭のように固まることもあります。

先に示した動物霊のように見える場合も、さらに問い詰めていくと水神であったりもするのです。問い詰めると「自分は○○の水神だ」と答えるようになります。

また垂れたロウが胎児のような形を作ることがあります。この場合の多くは死産や堕胎によるもので、供養がしっかりなされなかったことが主な原因です。ですから、供養をしてあげると、現象は収まります。

ある方が、家族に連れられて当寺へこられました。ご家族の話によると、最近おかしな言動をするようになったというのです。誰もいないところで、「誰かがそこにいる」と盛んに言うのです。部屋の中にいても、車に乗っていても、「誰かがいる」「誰もいないよ」「いや、そこにいる」。ご家族には何も感じず、見えもしません。でもご本人は何らかの気配に怖がる様子を見せるので連れてきたのだ、とのことでした。

読経を進めていき、ご本人に問い詰めると、数度の堕胎をしたことが分かりましたので、丁寧に死霊へご供養申し上げました。以降、おかし

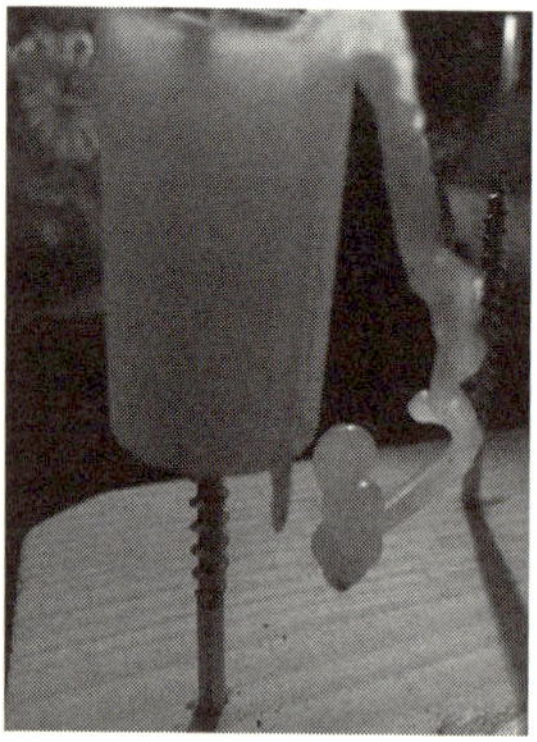

な言動はなくなったとのことです。

著者略歴
金森 了脩（かなもり りょうしゅう）
日蓮宗僧侶。富士宮市常境寺住職。身延山大学行学寮特別講師。
日蓮宗大荒行参行成満し、修法師として活動する一方、九星占術でも檀信徒はじめ一般の方の相談にも応対し、地方出張も多々。
東日本大震災の際にはたびたび現地を訪れ、物資輸送等に携わる。
また呪法研究家として呪法研究所を主宰し、仏教（顕教、密教）、古神道、修験道、道教などの呪法の研鑽に日々励むなど、多方面に活動中。
各種講習会も開設。

HP＝https://jokyoji.amebaownd.com/
Blog＝http://ameblo.jp/jokyoji/

まじないの極意
—秘法・秘伝を明かす—

２０１７年12月24日　初刷発行

定　価——本体２，７００円＋税
著　者——金森 了脩
発行者——斎藤 勝己
発行所——株式会社東洋書院
〒１６０－０００３　東京都新宿区四谷本塩町15—8—8F
電　話　０３－３３５３－７５７９
ＦＡＸ　０３－３３５８－７４５８
http://www.toyoshoin.com
印刷所——株式会社平河工業社
製本所——株式会社難波製本

ISBN978-4-88594-512-0